자연에서 이탈하는 것은
행복에서 이탈하는 것이다.

초등생을 위한 **환경특강**

국립중앙도서관 출판시도서목록(CIP)

초등생을 위한 환경특강 / 지은이: 윤해윤. -- 서울 :
나무처럼, 2013
   p. ;   cm. -- (초등 특강 시리즈 ; 01)

참고문헌 수록
ISBN 978-89-92877-22-0 73800 : ₩10000

환경[環境]

539-KDC5   CIP2013001117

초등생을 위한 환경특강

위험한 먹거리에서 후쿠시마 방사능 유출 후유증까지

윤해윤 지음

나무처럼

프롤로그

불과 30~40년 전까지만 해도 자연은 아이들의 가장 친한 벗이었어요. 토끼풀로 꽃반지를 해서 끼기도 하고, 목걸이와 화환을 만들어 쓰고 다니기도 했죠. 또 작은 웅덩이에서 올챙이를 잡아다가 개구리로 키운답시고 집으로 가져가곤 했죠. 물론 이런 올챙이를 개구리로 키우는 데 성공한 아이는 없었지만 말이에요.

아이는 이렇게 자연과 호흡하며 자라나야 하는데, 애석하게도 요즘 아이들은 이런 혜택을 전혀 누리지 못하고 있어요. 그들이 자연을 접하는 방법은 차를 타고 수목원이나 생태공원을 찾거나 체험학습에 참석하는 정도가 고작이죠.

참으로 미안한 마음뿐이에요.

부끄럽게도 현재의 어른들은 국토를 개발하고 소비제품을 만드는 일에만 열중해 왔어요. 자연 같은 것은 아랑곳하지 않으면서, 지구를 마구잡이로 오염시키고 훼손했어요. 전 세계의 많은 나라가 앞을 다투어 공장을 세우고 건물을 지어댔어요. 물질문명의 발전이 인간 삶의 질을 높인다는 명목으로요.

사람들은 자연이 인간에게 무한한 자원을 공급할 거라고 여기며 숲을 밀어내고, 강과 바다를 메우고, 야생동물들을 해치는 것에 조금도 주저하지 않았어요. 자연은 영원히 파괴되지 않을 거라는 망상에 사로잡힌 것이죠.

하지만 자연은 자신을 그토록 막 대하는 인간을 용서하지 않았어요. 자연의 순리를 거스르고 자연을 제멋대로 훼손한 지역에는 영락없이 벌을 내렸어요. 광우병과 조류독감, 홍수와 대지진, 태풍, 산사태, 눈사태, 그리고 기후변화에 이르기까지 자연의 형벌은 다양하고 참혹했죠.

뒤늦게나마 일각에서는 변화의 바람이 일기 시작했고,

여기저기서 환경의 중요성이 대두되었어요. 이대로 가다가는 지구의 미래는 불을 보듯 뻔할 거라는 여론이 일었죠. 개인은 개인대로, 단체는 단체대로, 자연을 지키는 일에 발 벗고 나선 사람들이 점점 많아지기 시작했어요.

"작은 차이가 큰 변화를 만든다"는 말이 있어요. 요즘 우리니리에서 행해지는 겨울철에 내복입기나 텀블러 갖고 다니기, 안 쓰는 전기 코드 뽑아 놓기, 아나바다 운동(아껴쓰고, 나눠쓰고, 바꿔쓰고, 다시쓰고) 등이 작은 차이를 만드는 것이라 할 수 있어요. 이런 활동은 개인의 작은 노력이 모이고 모여서 소중한 지구의 큰 자원을 아낄 수가 있어요.

지구의 자원은 누구든지 이용할 수 있고, 또 누구라도 그것을 지킬 의무가 있어요. 그런데 일부에서는 그 자원을 흥청망청 써대며 호화로운 생활을 하는 반면에, 가난한 나라에서는 단돈 천원으로 하루를 살아가는 이들도 있어요. 분명히 분배에 문제가 있는 거예요. 현재 어른들은 이런 양극화를 해결하지 못하고 있어요. 그래서 여러분 손에서 탄생하는 에너지는 모두 공평하게 나눠 쓸 수 있는 것이기를 바라는 마음이에요.

　이제 지구의 자원은 얼마 남지 않아, 곧 바닥이 드러날 거예요. 안타깝게도 이 얼마 남지 않은 자원을 지키고 보존하는 일이 여러분의 몫으로 남게 되었어요. 아무리 싫다 해도 현재의 심각한 자원 문제를 물려받을 수밖에 없는 처지가 되었으니까요.

　이런 골치 아픈 숙제를 남겨 주었다고 낯만 붉히지 말고, 한번 여러분의 능력을 발휘해 보길 바라요. 여러분의 선조가 짧은 시간 내에 생각지도 못한 발전을 이룩해, 기적을 만들어 낸 것처럼, 여러분도 이 문제를 해결할 기적을 만들어 내리라 믿어요. 독창적인 아이디어와 창의력을 발휘해서 지구를 오염시키지 않고, 인류가 공평하게 나누어 쓸 수 있는 새로운 에너지를 개발한다면, 인류의 삶은 좀 더 행복해지지 않을까요?

차례

프롤로그   7

Part 1 먹거리, 알고 먹자고요

1. 소에 관한 불편한 진실	17
2. 닭과 돼지의 슬픈 이야기	31
3. 불편한 슬로푸드	39
4. 기다림을 모르는 GMO 식품	53

part 2 지구는 왜 자꾸만 더워질까

1. 북극곰의 슬픈 이야기　　　　　61

2. 지구가 더워지는 주범들　　　　67
　　나쁜놈, 이산화탄소　　　　　69
　　더 위험한 메탄가스　　　　　71
　　지구온난화의 원흉, 고기　　　73
　　자동차 공화국　　　　　　　77

3. 사라지는 숲 이야기　　　　　　85
　　지구의 산소통, 아마존　　　　87
　　지구의 허파, 콩고 분지　　　　89
　　나무 심기 프로젝트　　　　　90

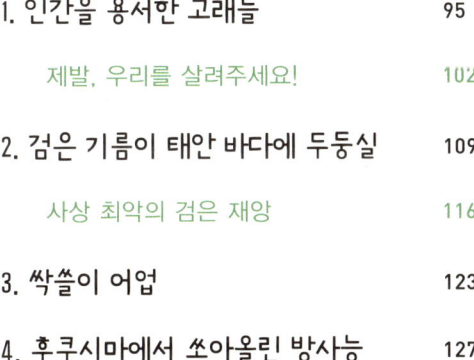

Part 3 몸살로 앓아누운 바다

1. 인간을 용서한 고래들	95
제발, 우리를 살려주세요!	102
2. 검은 기름이 태안 바다에 둥둥실	109
사상 최악의 검은 재앙	116
3. 싹쓸이 어업	123
4. 후쿠시마에서 쏘아올린 방사능	127

에필로그　137
참고 자료　140

Part 1
먹거리, 알고 먹자고요

1
소에 관한 불편한 진실

눈망울이 어여쁜 조안나는 명랑하고 활달한 아이였다. 그녀는 유난히 소고기를 좋아해, 하루라도 밥상에 고기반찬이 없으면 손도 대지 않았다. 소중한 외동딸이 좋아하는 소고기이니, 부모님은 늘 소고기 음식을 해 주었다. 너그러운 부모 덕분에 조안나는 쫄깃하고 맛난 소고기를 매일 먹을 수 있었고, 고기를 먹는 시간은 무척 즐겁고 행복했다. 그런데 열세 살 무렵부터 이상한 점이 발견되었다. 시무룩하고 생기가 없어진 것이다. 부모님은 그저 사춘기 증세라고만 여겼다. 그런데 어느 날, 학교 수학 시간에 컴퍼스로 자기 손을 찌르는 소름 끼치는 행동을 했다. 일그러진 표정 또한 아주 끔찍하고 섬뜩했다. 집에서도 칼이나 컵으로 식구들을 위협하더니, 점점 걷는 것도 이상해지고 말투도 어눌해졌다.

"엄마, 내 다리가 이상해."

엄마가 급히 달려가 보니, 조안나의 다리가 제멋대로 춤을 추고 있는 게 아니겠는가. 놀란 엄마는 황급히 아이를 차에 태우고 병원으로 향했다. 병원에 가는 내내 조안나는 차 안에서 발버둥을 쳤다.

병원에 도착한 조안나는 별의별 검사를 다 받았다. 그런데도 병원에서는 다리가 멋대로 춤을 추는 무도병이 왜 생겼는지, 왜 이상한 행동을 하는지 알아 내지 못했다.

차츰 조안나는 정신 이상도 깊어졌다. 엄마를 줄곧 따라다녔고, 지나칠 만큼 인형에 집착을 보였다. 또 밤이면 자다가 깨어 공포에 떨며 소리를 치는데, 엄마가 달려가면 마치 괴물을 보듯이 밀쳐 냈다.

결국 조안나는 종일 누워 있는 신세가 되었다. 음식은 아예 삼키지 못해, 위장에 구멍을 뚫어 튜브로 넣어야 했다. 침도 삼킬 수 없는 지경이 되더니 인공호흡기로 생활하다가, 2003년 1월 1일 안타깝게도 숨을 거두었다. 그녀의 나이 겨우 열다섯 살이었다.

의사들은 조안나의 병을 밝히고자 시신을 부검했다. 그 결과는 참으로 놀라웠다. 그녀의 뇌에 구멍이 숭숭 뚫려 있는 것이 아닌가. 마치 광우병에 걸린 소처럼. 그녀의 병명은 '인간 광우병'으로 진단 내렸다.

이 이야기는 실제로 있었던 일로, 영국에서 '인간 광우병'으로 죽은 한 소녀 이야기에요. '인간 광우병'이란 광우병에 걸린 소를 먹어서 생기는 병을 말해요. 인간 광우병에 걸리면 치료할 약이 없기 때문에 100퍼센트 죽는다고 해요. 참으로 끔찍한 병이죠.

꽤 오래전부터 유럽과 미국에서는 소에게 병들어 죽은 양이나 소의 뼈와 내장을 갈아 먹였어요. 즉 동물 사료를 먹인 것이죠. 소는 원래 초식동물이에요. 풀을 먹으며 천천히 자라는 소에게 동물 사료를 먹이는 이유는 경비를 아끼고 소를 빨리 자라게 하기 위해서죠.

초식동물인 소가 오랫동안 동물 사료를 먹게 되었을 경우, 뇌에 작은 구멍이 생기는 광우병에 걸릴 위험은 커져요. 광우병을 영어로 mad cow disease라고 해요. 그대로 해석하면 소가 미치는 병이라는 뜻이에요. 풀을 먹어야 하는 소가 동물 사료를 먹었으니 미칠만도 하겠죠. 이런 광우병에 걸린 소를 사람이 먹으면, 이 역시 광우병에 걸릴 확률은 높아지죠.

몇 년 전, 영국 신문 〈더 타임스〉에 충격적인 기사가 실렸어요. 영국에만 1만 5천 명이 넘는 '인간 광우병' 환자들이 있다는 내용이었어요. 엄청난 충격이었죠. 영국에만도 이렇게 많은데, 다른 유럽 나라를 비롯한 미국에는 얼마나 많은 인간 광우병 환자가 있을까요?

문제는 이 병에 걸려도 전혀 알 수가 없다는 거예요. 초반에는 아무런 증상이 없기 때문이죠. 그러니 병에 걸린 줄

광우병을 앓고 있는 소. 주저 앉아 일어나질 못하고 있다.

도 모르고 헌혈이나 장기이식, 수술, 의료기구 등을 통해 사회 곳곳에 광우병을 퍼트리게 되죠.

사람이 광우병에 걸리면 어떤 증상도 나타나지 않다가, 갑자기 조안나처럼 발작을 일으켜요. 이런 증상이 나타나면 치료할 방법이 전혀 없어요. 죽음 외에는요. 다시 말해, 조안나 같은 증상이 나타나면 곧 죽음이 임박했다는 뜻이죠.

미국은 광우병 기준이 영국보다 훨씬 더 느슨해서 더욱 위험한 상태예요. 유럽 국가에서는 소의 행동이 조금 이상하면 의무적으로 광우병 검사를 받아야 해요. 그런데 미국에서는 그렇지가 않죠. 더구나 제대로 서지도 걷지도 못하는 소를 별 검사도 하지 않고, 합법적으로 도축해서 판매할 수 있다고 하니, 참으로 기가 막힐 노릇이죠.

> 나는 미국 몬태나에서 4대째 목장을 했어요. 일꾼을 30명이나 고용했고, 키우는 소는 7천 마리나 됐어요. 제 인생 45년을 낙농업에 바친 셈이죠. 문제는 내 농장이 대규모 공장형이라는 것이었죠. 경비를 아끼려고 우리는 실제로 죽은 소들을 갈아서 그것을 다시 소 사료로 먹였어요. 그런데 느닷없이 허리에 마비가 왔어요. 척추에 종양이 있다는 진단이 나왔고, 의사는 다시 걸을 확률은 백만분의 일이라고 했어요. 허리가 마비되고 나니, 많은 생각이 스쳐 지나가더군요. 막상 건강을 잃어 보니, 건강의 중요성을 알겠더라고요.

> 이제껏 산 내 삶이 문제라는 걸 알았어요. 다행히 수술에 성공했고, 이전과는 완전히 딴사람이 되어야겠다고 다짐했어요. 나는 우리가 하는 일이 잘못이고 절대로 있어서는 안 되는 일이라는 것을 알았어요. 사람이 먹을 음식을 그렇게 대하는 게 아니었어요.

이렇게 털어놓은 사람은 미국인 목축업자 하워드 리먼이에요. 그는 〈오프라 윈프리 쇼〉에 게스트로 출연해서 "우리는 죽은 소를 갈아서 소에게 먹인다"고 충격적인 고백을 했어요. 거기다 그는 요즘 사육되는 소는 대부분 작은 칸막이에서 옴짝달싹도 못한 채로 불결하게 키워지고 있다고 폭로했어요.

이 방송이 나가자마자 미국은 물론, 전 세계가 충격에 휩싸였죠. 오프라 윈프리는 앞으로는 햄버거를 먹지 않겠다고 선언까지 했어요. 햄버거의 재료인 소고기가 위험하다는 경고였지요. 이 말에 발끈한 텍사스 목장주들이 오프라 윈프리와 하워드 리먼을 상대로 소송을 걸었어요. 텍사스 목

소고기가 주 원료인 햄버거

장주들은 하워드 리먼과 오프라 윈프리가 소고기와 광우병의 위험을 너무 과장해서 말해, 국민을 불안에 떨게 했다고 주장했어요. 그 탓에 소고기가 팔리지 않아 막대한 손해를 봤다는 거였어요.

6년간의 지루한 법정공방이 이어졌죠. 소송비용도 엄청났어요. 결국 이 소송은 하워드 리먼과 오프라 윈프리의 승리로 끝났어요. 그들의 무죄가 입증된 셈이죠. 소송에서 이긴 오프라 윈프리는 이렇게 말했어요.

"진실의 힘은 사람을 움직이게 합니다."

하워드 리먼이 말한 소에 대한 진실은 소송을 건 텍사스 목장주들도 소고기 수입업자들도 다 알고 있었어요. 모두 사실이었으니까요.

지난 20년간 우리나라에서 가축을 기르는 농가 수는 줄어들었어요. 대신 한 농가에서 기르는 가축 수는 급격히 늘어났죠. 공장형 가축 사육 농가도 많이 늘어났어요. 그럼, 농장이 커졌으니 가축이 사는 공간도 당연히 넓어져야겠죠? 그런데 그렇지가 않았어요. 오히려 줄어들었어요. 그러면서 가축을 살찌워서 비싸게 팔려고 자꾸 먹였어요. 위생 시설은 더럽고 불결했고요. 그러니 전염병이 생기는 건 자연스러운 현상이었죠.

2011년에 전국을 휩쓸었던 구제역도 바로 이런 이유로 발생했어요. 구제역은 소와 돼지, 염소, 양과 같이 발굽이 둘로 갈라진 가축에게 생기는 전염병으로, 위생과 소독, 방역이 허술한 나라에서 주로 생겨요. 자주 발생하는 국가는 중국과 베트남이에요. 구제역은 전염성이 무척 강해서 아주 급속도로 번지는 특징이 있어요. 그러니 우리가 육류를 많이 찾으면 찾을수록 공장형 농장은 번창할 것이고, 이런 전염병도 늘어날 거예요.

> 오늘은 철수의 생일로, 친구들을 초대해 생일 파티를 할 예정이다. 파티 장소는 집 근처에 있는 '부페파크'. 초대장을 받은 선희와 영철이, 미경이, 상호는 저마다 한 손에는 선물을 하나씩 들고 부페파크로 향했다.
> 식당 안으로 들어선 그들은 맛난 음식들이 화려하게 차려

진 모습을 보자 몹시 흥분하고 들떴다. 철수와 친구들은 각자 접시에 자신들이 좋아하는 음식을 들고 와 자리에 앉았다. 철수의 접시에는 불고기와 갈비, 치킨이 담겨 있었고, 미경이의 접시에는 탕수육과 양념 갈비, 립이 담겨 있었다. 다른 친구들의 접시도 그들과 별반 다르지 않았다. 식당에는 각종 채소와 색색깔의 과일이 즐비했지만, 이것들은 아이들의 관심을 끌지 못했다. 아이들은 그저 육류와 디저트에만 눈길을 주었다. 그날 아이들이 먹은 음식 중 80퍼센트 이상이 육류였고, 나머지 20퍼센트는 피자와 아이스크림, 초콜릿 퐁듀 등이었다. 그들에겐 참으로 유쾌한 하루였다.

어떤 이야기를 하려는지 눈치챘나요? 그래요. 육류를 너무 많이 먹는다는 것을 말하고 싶은 거예요. "지나치면 모자람만 못하다"는 말이 있어요. 예전에는 가난한 사람들이 많아서 비싼 고기를 자주 먹는다는 건 엄두도 못 낼 일이었죠. 그러다 보니 영양실조에 걸린 사람들도 많았어요.

현대에 와서 먹을 것이 풍요로워지면서 잘 먹지 못해서 걸리는 영양실조는 거의 사라졌어요. 오히려 이제는 너무 잘 먹어서 생기는 '부자병'이 생겨났어요. 우리 몸이 영양 과잉 상태에 놓인 것이죠.

고기 섭취량이 늘어나면서 우리는 더욱 자주 아프고 고치기 어려운 질병에 한숨짓고 있어요. 잘 먹어서 생기는 대표적인 질병은 대장암과 당뇨, 신장암, 통풍, 고지혈증 등으로, 칼로리가 높은 음식을 먹고는 몸을 잘 움직이지 않아서 생겨난 질병이죠. 한마디로 고지방, 고단백 식단에 길들여진 사람들에게 나타나는 부자병이죠. 특히 이런 부자병은 육식으로 비만해지면서 걸리기 쉬운 질병이에요.

비만의 가장 큰 문제점은 오래 살지 못한다는 거예요. 비만인 사람의 사망률은 정상체중인 사람보다 두배 이상 높다고 해요. 또 청소년기에 고도 비만에 걸리면, 남자는 13년, 여자는 8년이나 생명이 단축될 가능성이 높다고 하니, 육식을 줄여 비만을 방지하는 것이 꼭 필요하다 하겠어요.

육식의 또 다른 문제점은 식물성 섬유질이 부족해서 변

비를 부르고, 끝내는 대장암과 직장암의 원인이 된다는 거예요. 인간은 육식만 해서는 도저히 건강하게 살 수 없어요. 그렇다고 육류를 먹는 것이 무조건 나쁘다는 뜻은 아니에요. 채식주의자가 되라는 뜻도 아니고요. 다만, 지나치게 많이 먹으니, 좀 줄여야 한다는 거예요. 그래야 가축들도 생명의 존엄성을 존중받으며 생을 마감할 수 있고, 또한 비만을 비롯한 각종 질병을 예방할 수 있어, 우리 신상에도 좋고 지구 건강에도 이로울 테니까요.

2

닭과 돼지의 슬픈 이야기

옛날에 매일 황금알을 한 개씩 낳는 신기한 닭이 있었다. 주인은 그 알을 팔아 생계를 이어가며 살았다. 그는 처음에는 매일 한 개의 황금알에 매우 감사한 마음이었으나, 점점 욕심이 생겨 한 번에 많은 황금알을 가지고 싶었다. 매일 황금알을 낳는 것으로 보아, 이 닭의 뱃속에는 무척 많은 황금이 들어 있을 것이라는 생각이 들었다. 어느 날, 그는 그 귀중한 닭을 죽여 배를 째 보았다. 그러나 그 속에는 아무것도 없었다.

여러분도 다 알다시피, 이 이야기는 『황금알을 낳는 암탉』이라는 제목의 이솝우화예요. 욕심이 지나쳐서 모든 것을 잃고 만 사람의 이야기죠. 현명한 사람은 아무리 좋은 것도 어느 정도에서 만족하거나 멈출 줄 알아야 해요. 욕심이 지나치면 오히려 화를 입거든요.

앞장에서도 말했듯이, 요즘 닭이나 돼지는 대규모 농장에서 사육되고 있어, 마음껏 걸을 수도, 뛸 수도 없이, 비좁은 우리에 갇혀 꼼짝도 못하고 있죠. 이런 콩나물시루 같은 환경에서는 반드시 질병이 생길 수밖에 없어요.

농부들은 이런 질병을 막고자 가축들에게 항생제를 먹이고 있어요. 이와 더불어 빠르게 성장시키는 성장촉진제를 먹여 살을 찌우죠. 그들은 비좁은 우리에서 꼼짝도 못한 채 인간의 먹이로만 길러지고 있어요. 아무리 이들이 가축이라 한들 미쳐버리지 않겠어요? 스트레스로 폭발하기 일보 직전인 것이죠.

닭들에게는 알을 더 많이 낳으라고 밤에도 조명을 켜놔요. 그리고 밤과 낮을 인위적으로 짧게 만들죠. 하루 24시

비닐하우스에서 수천마리의 닭이 바글거리며 사육된다

간을 12시간으로 만드는 것이에요. 그러면 닭들은 12시간이 지나면 하루가 지난 줄 알고 다시 알을 낳아요.

 상황이 이렇다 보니, 닭들의 신체리듬이 깨어지고 스트레스는 극에 달하죠. 이런 닭들은 당연히 예민하고 포악해져 있어요. 예민해진 닭들은 서로 부리로 쪼아대며 싸움을 하고, 포악해진 돼지들은 상대의 꼬리를 물어뜯거나 꼬리를 끊어 놓기도 하죠. 농부들은 닭과 돼지가 이렇게 포악해지지 못하도록 닭의 부리를 아예 싹둑 잘라요. 돼지들은 꼬리를 물어뜯지 못하게 이빨이 뽑히던가, 아니면 물어뜯지 못하게 꼬리가 잘리죠.

어쩌면 우리 식탁에 이렇게 부리가 잘린 닭이나 그 닭이 낳은 달걀, 이빨이 뽑히거나 꼬리가 잘린 돼지 등이 올라오고 있을지도 몰라요. 그런 것을 먹으면 우리 몸에 그들의 화가 고스란히 쌓이지 않을까요? 그런 불행한 생명체를 먹는다면 우리는 과연 행복해질 수 있을까요?

> 가축이라 불리는 농장 동물들은
> 불결하고 비좁은 환경 속에서
> 단 한번도 바깥세상에 나와 보지 못한 채
> 짧은 생을 마감합니다.
> 구제역, 조류독감···.
> 살아도 사는 것이 아닌
> 고통스러운 환경 속,

먹거리, 알고 먹자고요

> 필연적일 수밖에 없는 질병,
>
> 땅속, 깊고 깊은 수렁,
>
> 그들의 외침은 오로지 하나였습니다.
>
> "살려 주세요"

이것은 2011년 2월 23일에 동물사랑실천협회가 공개한 끔찍한 농영상 맨 앞에 나오는 자막의 일부예요. 이 동영상에는 경기도 이천에서 돼지를 살처분(모두 죽인다는 뜻)하는 과정이 담겨 있어요. 살아 있는 아기 돼지들을 포크레인으로 파묻는 영상이죠.

2011년에 구제역이 전국을 강타했어요. 이 전염병은 무서우리만치 빠르게 퍼져 나갔고, 농가에서는 통탄하며 가축들을 산 채로 땅에 파묻었어요. 생매장당한 돼지들의 숫자는 이루 헤아릴 수 없었죠.

이렇게 돼지를 살처분한 근처 지하수에서는 핏물이 나왔어요. 지하수가 오염된 것이죠. 지하수가 오염되면 사람들은 물을 마실 수도 씻을 수도 없어요. 또 다른 질병에 걸

구제역이 감당해서 돼지들을 생매장하고 있다

릴 위험이 크니까요. 자꾸 악순환만 반복하는 것이에요.

우리 인간처럼 생명이 있는 가축들에게도 당연히 '생명의 존엄성'은 존중해 주어야 해요. 그런데 공장형 농가에서는 가축들이 그저 식용으로만 키워지기 때문에 생명이라는 생각은 없고, 단지 '먹거리'로 밖에는 보지 않죠. 이렇게 생명의 존엄성이 무시되고 있는 한 구제역이나 조류독감과 같은 전염병을 막을 길은 없어요. 오히려 신종 전염병이 더 많이 생길 거예요.

인도의 마하트마 간디는 이런 말을 했어요. "한 나라의 위대성과 그 도덕성은 동물들을 다루는 태도로 판단할 수 있다."

우리가 앞장에 나온 철수와 그 친구들처럼 고기만 먹는다면 가축을 더욱더 많이 키워야 하니, 공장형 농가는 더욱 늘어날 것이고, 그러면 가축의 생명을 존중해 주는 일은 더욱 어려워질 거예요. 동물들이 존중받으며 살려면 그들에게 기본적으로 여유로운 공간과 사랑을 주어야 해요. 그러니 여러분도 가축을 꼭 먹거리로만 보지 말고, 그들도 살아 있는 생명체라는 것을 꼭 기억하자고요.

3 불편한 슬로푸드

텃밭에서 감자를 캐던 시골쥐는 친구 서울쥐가 생각나 집으로 초대했다. 시골쥐는 방울토마토와 나물, 방금 찐 따끈따끈한 감자를 내왔다. 하지만 서울쥐는 이맛살을 찌푸리며, 시골쥐가 내온 음식은 거들떠 보지도 않았다.

"시골은 역시 시골이구나, 아직도 이런 걸 먹는단 말이야?" 서울쥐는 맛있는 음식을 먹게 해주겠다며 시골쥐를 서울로 데리고 왔다. 서울로 온 시골쥐는 높은 빌딩과 많은 자동차를 보고는 두 눈이 휘둥그레졌다. 시골쥐는 패스트푸드점에서 햄버거와 감자튀김을 먹었는데, 그 맛에 놀라움을 금치 못했다. 시골쥐는 건물 옥상에 사는 서울쥐 집에서 TV를 보며 밤늦도록 컴퓨터 게임을 하며 빈둥거렸다.

"서울은 정말로 근사해!"

매일 맛있는 음식을 먹으며 즐거웠지만 시골쥐는 날이 갈수록 피곤하고 몸도 무거워지고 배도 더부룩했다. 게다가 노는 것조차 귀찮아졌다. 그러던 어느 날, 편의점에 갔다 오던 시골쥐는 그만 고양이와 딱 마주쳤다. 시골쥐는 몸이 오싹해져 뒷걸음질쳤다. 하지만 서울 고양이는 시골쥐를 본체만체했다.

"촌스럽긴, 서울 고양이들은 이제 쥐 안 먹어. 힘들게 뭐 하러 쥐를 잡어? 먹을 게 이렇게 많은데."

정말로 고양이는 쥐들을 흘깃 보더니, 하품을 늘어지게 하고는 뒤룩뒤룩 살찐 배를 쓰다듬으며 잠이 들었다.

그 모습을 본 시골쥐는 덜컥 겁이 났다. 거울에 비친 자신의 모습을 보니, 배는 뒤룩뒤룩하고 눈동자는 흐리멍덩한 데다 얼굴은 푸석했다.

먹거리, 알고 먹자고요

이 이야기는 이솝우화 『시골쥐와 도시쥐』를 새롭게 풀어낸 『시골쥐와 감자튀김』이라는 책 내용을 요약한 것이에요. 햄버거와 감자튀김, 치킨 등 패스트푸드에 익숙해진 현대의 식습관을 꼬집어 주는 이야기죠. 쉽게 얻을 수 있는 패스트푸드가 얼마나 우리 몸을 해치고 망가뜨리는지를 생쥐와 고양이를 통해 일깨워 주고 있어요. 또한 자연에서 얻는 소박한 슬로푸드가 얼마나 소중한지도 알려 주는 이야기죠.

슬로푸드slow food란 말은 영어에는 없는 말이었어요. 패스트푸드fast food를 지양하고, 전통식 유기농 농법의 질 좋은 음식을 먹자는 취지로 만든 말이라 할 수 있죠. 패스트푸드는 여러분도 다 알다시피, 주문하면 금방 나오거나 미리 만들어진 음식을 의미해요. 말 그대로 fast food죠. 주로 햄버거와 피자, 탄산음료, 감자튀김, 치킨, 컵라면, 삼각김밥 등을 일컬어요.

패스트푸드 산업은 현대의 바쁘고 빠른 삶에 맞추어, 세계 각국에서 빠르게 성장하고 있어요. 하지만 패스트푸드는 열량이 높은데다 지방이 많고, 거기다 나트륨까지 많아서 많이 자주 먹으면 비만과 콜레스테롤 등의 문제가 생겨요.

　패스트푸드가 몸에 해롭다는 이유로 정크푸드junk food라고 부르는 사람들도 많아요. 정크junk는 쓰레기라는 뜻이에요. 그러니까 정크푸드는 '쓰레기 음식'이라고 할 수 있죠. 좀 극단적인 표현이긴 하지만 그만큼 패스트푸드에 길들여진 우리의 습관을 한 번 되돌아볼 필요가 있어요.

　원래 음식이란 것은 몸의 영양을 공급하여 기운을 돋우려고 먹는 것인데, 우리가 먹는 음식이 오히려 몸에 해가 되어, 질병을 부른다면 어떤 조치가 필요하겠죠.

　식품을 파는 기업은 물건을 팔아 돈을 버는 게 목적이라, 사람들의 건강을 우선시하지 않아요. 그렇기에 그들은 듣기에도 생소한 다양한 화학첨가제를 넣어, 몸에는 좋지 않지만 중독성이 강해 입맛을 끌어당기는 맛을 개발하고 있어요. 소비자인 우리는 이 중독에 속수무책으로 길드는 거예요.

　이런 패스트푸드를 파는 곳은 맥도널드와 버거킹, 롯데리아, KFC, 피자헛, 편의점 등이 대표적이죠. 이런 가게들은 대부분 접근하기 편리한 곳에 있어서 누구나 쉽고 편하게 접할 수 있어요.

패스트푸드는 비만을 일으킬 뿐만 아니라, 식물 섬유질이 부족해서 중금속을 배설할 수 없게 만들죠. 중금속을 배설하지 못하면 뇌의 산소가 부족하게 돼요. 그러면 정상적인 뇌 활동이 잘 안 되죠. 그러니 패스트푸드를 자주 먹으면 몸의 균형이 무너져 몸을 해치게 되는 거예요.

문제는 패스트푸드가 중독성이 있다는 거예요. 그래서 끊으려고 해도 잘 끊어지지가 않아요. 중독 탓이죠. 실제로 패스트푸드를 많이 먹은 사람의 뇌를 조사해 보니, 담배 니코틴에 중독된 사람의 뇌와 비슷하다는 연구 결과가 나왔어요. 엄청난 충격이었죠. 그러니 담배를 많이 피우는 사람들이 담배를 못 끊듯, 패스트푸드를 많이 먹게 되면 패스트푸드 중독에 걸리는 것이죠.

우리의 위장은 처음 들어온 음식에 무척 민감하게 반응하며 거부하려는 경향이 있어요. 그것이 좋은 음식이든 나쁜 음식이든 상관없이 말이에요. 하지만 위장은 한 번 들어

메주는 콩을 삶아 절구에 찧은 다음 뭉쳐서 모양을 만들어 발효 숙성시킨 대표적인 한국식 슬로푸드다.

온 음식을 기억하는 특징이 있어요. 만약 같은 음식이 반복적으로 들어올 경우, 위장은 그 음식을 먹어도 된다고 판단하죠. 지방과 설탕이 많은 햄버거와 프렌치후라이 등에는 담배 또는 마약과 같은 중독성이 있으니, 먹다가 중단하면 금단현상이 발생하죠. 그러니 패스트푸드가 아무리 맛있어도 몸을 해친다는 생각에 가끔씩만 먹어야 해요. 자주 먹게 되면 중독에 걸려서 헤어나기가 쉽지 않거든요. 이런 패스트푸드에서 벗어나자는 취지로 슬로푸드란 말이 생겼어요.

　슬로푸드란 말을 만들어 낸 의도는 음식의 맛과 향을 다시 찾고, 햄버거와 같은 좋지 않은 재료를 사용해 건강을 해치는 패스트푸드를 추방하자는 것이에요. 요즘은 빠른 생활 방식이 인간의 생활을 바꾸고, 환경을 위협하고 있어요. 이에 반대하는 슬로푸드는 자연의 방식을 그대로 따르며 천천히 살자는 취지예요. 슬로푸드의 상징은 작은 달팽이로, 느림을 추구하죠.

　현대는 어느 분야에서나 '더 빨리, 더 많이'를 모토로 하고 있어요. 일본에서는 4배나 빨리 자라는 양상추가 개발되었어요. 또 캐나다와 미국에서는 보통 연어보다 10배가량 더 빨리 자라는 연어를 개발해냈다고 해요. 하지만 빠르고 많은 것이 꼭 좋은 것만은 아니에요. 자연의 섭리를 위반하는 일에는 반드시 치러야 할 대가가 있거든요.

　예전의 우리는 자연의 속도에 맞추어 우리의 신체리듬을 맞추며 살았어요. 과일을 예로 들어 보면, 봄에는 딸기를, 여름에는 수박을, 가을에는 사과를, 겨울에는 귤을 먹었어요. 제철이 아닌 과일을 구하기는 사실상 어려웠죠. 하지만 이제 우리는 이런 과일을 사시사철 아무 때나 접할 수 있어요. 마트에 가서 돈만 지급하면 풍성하고 화려한 과일이 우리 입으로 들어오죠.

학교 시험에 '다음 중 봄에 나는 과일이 아닌 것은?'이라는 객관식 문제에 '딸기'라고 답하는 학생들이 꽤 있다고 해요. 하우스 과일이 나오면서 요즘 우리는 대부분 딸기를 겨울에 접하게 되죠. 봄이 되어 나오는 제철 밭딸기는 거들떠보지도 않고, 원래는 여름 과일이지만 봄이면 접할 수 있는 하우스 참외로 관심을 돌리죠. 그리하여 겨울에 딸기가 먹고 싶다는 병든 노모의 소원을 들어주고자 산속으로 딸기를 구하러 갔다가 산짐승에게 잡혀 먹혔다는 옛날이야기는 그야말로 옛날이야기가 되고 말았어요. '아~, 옛날에는 딸기가 겨울에 없었나 보네.'

동물의 경우도 마찬가지예요. 앞에 말한 것처럼, 대규모 농장에서 사육되는 가축은 전혀 움직이지도 못하고 살만 찌워 식용으로 나갈 날만 기다리고 있어요. 닭의 수명은 20년이 넘는데, 부화해서 우리 식탁에 오르는 데는 한 달 남짓이면 충분하죠. 그야말로 가축도 fast food가 된 것이죠.

요즘 아이들이 유난히 폭력적이고 난폭한 것도 이런 질 나쁜 음식을 먹기 때문이라는 연구 결과도 있어요. 그래서 슬로푸드를 추구하자는 것이죠. 인공적이 아닌 자연스럽게 서서히 자란 가축과 채소를 먹는 건 급하고 억눌려서 자란 가축을 먹는 것과는 엄연히 다르기 때문이에요.

인간이 동물을 바라보는 관점은 두 가지가 있어요. 첫째는 동물에게도 의식이 있으니 그들을 존중해 주어야 한다는 것이죠. 두 번째는 동물에게는 이성 같은 것은 없으므로, 동물은 인간의 이익을 위해서만 존재한다는 거예요. 요즘에는 동물에게도 감정과 의식이 있으니, 그들도 존중받아야 한다는 것에 많은 사람이 공감하고 있어요.

그들도 인간과 마찬가지로 자연과 자유를 누릴 권리가 있어요. 제대로 대접받을 권리도요. 생명체니까요. 그러니 동물의 본성이나 동물답게 살 권리를 무시한 채로 스트레스를 주며 사육하지 말자는 얘기예요.

가축은 스트레스를 많이 받으면 자연스럽게 면역력이 떨어지죠. 그러면 각종 질병에 시달릴 것이고, 결국 그 가축은 우리 입 속으로 버젓이 들어오겠죠. 결론적으로 동물을 잘못 대접하면 우리 몸이 망가지는 거예요. 질 좋은 음식은 만족과 여유로움을 주지만, 질 나쁜 음식은 허약한 건강과 예민한 태도, 각종 질병 등을 초래해요. 패스트푸드가 지배하는 세상에서 건강하게 살기란 거의 불가능하죠.

음식을 먹을 때 천천히 먹는 것 또한 슬로푸드가 추구하는 것이에요. 대체로 우리는 식탁에 앉으면 10분 안에 밥을 뚝딱 먹어 치우죠. 햄버거 등을 먹는데는 1분도 채 안 걸린다고 해요.

예전의 우리는 밥상머리에 앉아서는 아무런 대화도 하지 않고 묵묵히 먹기만 했어요. 그러니 빨리 먹을 수밖에 없었죠. 그때는 아무 말도 하지 않고 조용히 밥만 먹는 것이 밥상예절이었어요. 하지만 이제는 시대가 달라졌어요.

요즘에는 모두 바쁜 탓에 식구들이 한자리에 모일 기회가

슬로우푸드의 상징은 느린 달팽이다

별로 없어요. 그러니 식탁에서조차도 식구들끼리 대화를 하지 않으면 거의 대화할 시간이 없어요. 대화도 습관이에요. 보통 우리는 일상적으로 대화하는 사람과 습관적으로 말을 하기 마련이죠. 그러니 3개월만에 만난 친구보다는 어제 만난 친구와 더 할 말이 많은 거예요. 일상을 공유하기 때문이죠. 가족과 대화하는 습관을 들이지 않는다면 평생 서로 대화를 하지 않고 살 가능성이 커요. 대화는 익숙해져야 자연스러워지거든요. 그러니 쉽진 않겠지만, 식사 시간을 가족과의 대화의 장으로 활용해 보자고요.

음식을 빨리 먹으면 천천히 먹는 사람에 비해 비만이 될 가능성이 세 배가량 높다고 해요. 사람은 배가 부르면 뇌의 중추신경이 "이제 배부르니 그만 먹어라"는 명령을 내리죠. 그런데 뇌의 반응이 좀 느린 편이에요. 뇌는 음식을 먹고 나서 25~30분은 지나야 비로소 배가 부른 것을 느낄 수 있다고 해요. 그런데 성격이 급한 우리는 밥 한 그릇을 뚝딱 먹어치웠는데도, 느린 뇌에서 명령이 내려지지 않으니, 배부른 줄도 모르고 자꾸 음식에 손이 가죠. 잔뜩 먹고 조금 있으면 갑자기 배가 불러와, 앉아 있는 것조차도 힘겨울 때가 있어요. 그때서야 너무 많이 먹은 걸 후회하는데, 이미 소용없는 일이죠.

그러니 천천히 먹는 습관을 들여야 해요. 한 끼 식사하는데 적어도 30분 이상은 먹어야 해요. '세 살 적 버릇이 여든까지 간다'는 말이 있잖아요. 어릴 때 좋은 습관을 들여야 평생 건강하게 살 수 있어요. 천천히 먹어야 음식의 제맛도

느낄 수 있고, 비만도 예방할 수 있다는 사실을 꼭 기억하면서요.

우리가 추구하는 슬로푸드란 먹거리를 통해 '천천히'의 중요성을 일깨우자는 것이에요. 한마디로 기다릴 줄 알아야 한다는 것이죠. 상대가 자연이든 사람이든, 우리는 기다리는 일에 점점 서툴러지고 있어요. 다시 말해서, 관계에 서툴러지고 있는 것이에요. 사람은 관계가 불편해지면 행복해지지 못해요. 가족과도 친구와도 관계가 좋아야 만족함을 느끼죠. 마찬가지로 자연과 관계가 불편하면 사람은 행복할 수 없어요. 어쩌면 함께한다는 것은 기다리고 또 기다려야 하는 일일지도 몰라요.

4 — 기다림을 모르는 GMO 식품

1994년 즈음, 미국의 한 식품회사가 잘 무르지 않는 토마토를 개발했어요. 토마토가 익으면서 부패를 막아주어 오랫동안 신선도를 유지하게 한 것이죠. 이 토마토는 화제를 불러일으키며 줄줄이 팔려 나갔어요. 이런 토마토를 유전자 조작 생물체 Genetically Modified Organism 라고 하고, 앞 글자를 따서 GMO라고 해요. GMO란 특정 유전자를 고의로 다른 종에 삽입해서 만들어 낸 것을 말해요. 자연에서는 절대로 나올 수 없는 변종인 것이죠. 그렇기에 예상치 못한 여러 부작용을 낳을 수 있어서 각별한 주의가 필요해요.

어쩌면 GMO 농산물은 생각보다 무서운 존재일지도 몰라요. 아무리 내가 유기농 농산물을 키우고 싶어도 옆집에서 GMO 농산물을 키울 경우, 옆집 GMO 씨앗이 바람에 날려 내 밭에 떨어져 자라나면, 내 유기농 농산물은 모두 GMO 농산물로 변한다고 해요. GMO는 주위의 모든 것을 GMO화한다니, 참으로 놀랍고도 무서운 일이죠.

GMO는 대부분 농약과 병충해에 끄떡도 안 하고, 단시간에 크고 많은 수확량을 올릴 수 있어요. 콩과 옥수수, 감자, 호박, 토마토 등이 대표적인 GMO 식품이라 할 수 있어요. 미국에서는 이런 식품의 3분의 2가 GMO 식품이라니, 참으로 엄청나죠. 요즘 미국인의 식탁에는 이 GMO 식품이 70퍼센트 이상 차지한다고 해요. 또 미국은 방대한 땅을 이용하여 어마어마한 GMO 농산물을 재배해 수출도 하고, 사료용으로도 판매하고 있어요. 우리도 미국에서 이 GMO 식품을 수입하는데, 거의 90퍼센트에 달한다고 해요.

국내 식품회사와 농산물 연구소에서도 GMO를 개발하

주사로 토마토를 익히고 있다

고 있어요. 벼와 밀, 감자, 호박, 고추, 마늘, 오이, 콩, 참깨, 양배추, 토마토, 상추, 수박, 사과 등 우리가 늘 접하는 음식이 그 실험 대상이라 우려를 사고 있어요. 더군다나 GMO 식품은 아직 안전성도 입증되지 않았어요. 그렇기에 이것의 위험성을 주장하는 전문가들도 늘어나고 있어요.

물론, 이런 GMO 식품이 여러 면에서 효율적이라고 찬성하는 사람들도 있어요. 식량을 빠르고 많이 생산할 수 있으니, 인류의 식량문제를 해결해 줄 수 있다는 거예요. 하지만 지난 30년간 식량은 이미 전 세계 사람들이 먹고도 남을 만큼의 충분한 양이 생산되고 있어요. 아프리카 아이들을 비롯해 수많은 사람이 굶는 건 식량이 모자라서가 아니라 고르게 나누어지지 않기 때문이에요.

대량생산하는 GMO 식품은 가격이 싸기 때문에 가난한 사람들이 사 먹게 될 것이고, 부자들은 비싼 돈을 주고 유기농 식품을 사 먹게 되니, 가난한 사람들의 건강은 더욱 위험한 상태에 놓일 거예요. 또한 GMO 식품은 세포 감염 때문에 질병을 일으킬 수도 알레르기가 나타날 수도 있어요.

실제로 GMO 옥수수를 먹인 닭의 사망률은 두 배나 높았고, GMO 식품을 먹고 죽은 사람들도 있어요. 프랑스의 한 연구팀이 쥐 200마리를 대상으로 GMO 사료를 먹인 결과, 대부분의 쥐가 암에 걸렸고, 일부는 탁구공만한 종양이 생겨났다고 해요.

더욱 염려되는 건 지금 우리가 먹는 식품이 GMO 식품인지 아닌지조차도 정확히 모른다는 거예요. 우리도 모르는 사이에 우리의 밥상이 GMO 식품으로 가득 채워지고 있지만, 우리는 알아차리지 못하고 있다는 것이죠.

　자연적인 것을 인위적인 것으로 바꾸는 건 자연의 질서를 파괴하는 거예요. 결국 환경이 파괴되는 것이죠. "자연에서 이탈하는 것은 행복에서 이탈하는 것이다"라는 말이 있어요. 그만큼 자연의 질서를 따르는 것이 중요하다는 뜻이에요. 우리 인간도 자연의 일부이니 자연의 뜻을 마구 거스르면 어떤 대가를 받게 될지 모르는 일이에요. 그리고 자연은 우리에게 많은 혜택을 주지만, 생각보다 굉장히 무섭다는 것도 꼭 알아야만 해요.

Part 2

지구는 왜 자꾸만 더워질까

1 북극곰의 슬픈 이야기

북극의 빙하가 점점 녹고 있어요. 계속 녹아 내려 해마다 조금씩 작아지죠. 전문가들은 20년 안에 빙하가 흔적도 없이 사라질 것으로 예상하고 있어요. 이것은 '지구 온난화global warming' 때문이에요.

지구 온난화란 지구가 점점 더워지는 것을 말하죠. 실제로 지난 30년 사이 지구가 더워지는 속도는 점점 빨라지기 시작했어요. 어쩌면 빙판 위를 어슬렁거리며 돌아다니는 북극곰을 볼 날도 얼마 남지 않았을지도 몰라요.

빙하가 사라지면서 먹이가 부족해지자, 새끼를 잡아먹는 북극곰들이 늘어나고 있어요. 원래 북극곰의 먹이는 주로 물범이에요. 물속에 있는 물범들은 무척 빠르기 때문에 북극곰들은 물범들이 얼음 위에 올라와 있을 때를 노려 사냥하죠. 그런데 얼음이 자꾸 녹아 내려 빙하가 없어지자, 물범들이 물속에 있는 시간이 점점 많아졌어요. 그러니 북극곰들이 먹잇감을 구하기가 점점 어려워졌어요.

북극곰을 연구하는 전문가들이 말하기를, 북극곰들은 20년 전보다 몸무게가 10퍼센트가량 줄었고, 새끼도 적게 낳으며 그 수도 20퍼센트 이상 줄었다고 해요.

얼마 전 뉴스에서 보았는데, 암컷 북극곰이 새끼 한 마리를 데리고 알래스카 해를 헤엄쳐 갔어요. 열흘간 단 하루도 쉬지 않고 헤엄쳐 간 그 거리는 무려 687킬로미터나 됐어요. 이 거리는 서울에서 부산까지 거리의 1.5배쯤 되죠. 북극곰이 이런 선택을 할 수밖에 없었던 이유는 빙하가 없어서 먹잇감을 구하지 못했기 때문이에요. 이렇게 먼 거리를 헤엄쳐 갔지만, 애석하게도 그 어미 곰은 죽고 말았어요.

얼음이 점점 녹아들면서 북극곰의 터전이 위협받고 있다

　지구 온난화로 점점 빙하가 녹아 들면서 북극곰들이 터전을 잃고 있어요. 얼음이 녹아 북극곰이 헤엄치는 시간이 길어지면서 북극곰들은 먹이를 잡아먹을 힘조차 잃게 되었어요. 결국 그들에게 남은 건 죽음뿐이에요.

　누구든지 기후가 이상해졌다는 건 다 알고 있는 사실이에요. 지난 2012년의 여름을 한번 생각해 보세요. 상상도 못할 더위가 찾아왔어요. 현관문을 열고 밖으로 나가는 순간, 사우나에 들어온 듯한 착각에 빠지곤 했죠. 후텁지근한 공기가 얼굴에 닿는 그 기분이라니. 그렇게 습하고 무더운 더위는 난생처음이었어요.

2011년의 여름은 햇볕 한번 제대로 비추지 않는 빗속에서 보냈어요. 억수같이 내리는 비 때문에 사람들은 여름 휴가도 제대로 못 갔고, 여름 성수기를 준비하던 해변 상인들은 1년 장사를 망쳐 울상이 되고 말았어요. 끊임없이 내리는 비 때문에 웬만한 집의 지붕에서는 물이 새어 흘러내렸어요.

지구는 이런 기후변화 탓에 몸살을 앓고 있어요. 에베레스트 산과 히말라야 산의 빙하도 아주 빠른 속도로 녹아내리고 있어요. 항상 하얗게 눈으로 덮여 있던 아프리카의 킬리만자로 산의 눈도 벌써 80퍼센트나 녹아 없어졌어요. 이 상태로라면 얼마 안 가서 눈 덮힌 킬리만자로 산을 TV나 인터넷 영상으로만 추억할 날이 올지도 몰라요. 또한 바닷물이 높아진 탓에 몰디브처럼 작은 섬나라 사람들은 잔뜩

겁을 집어먹고 있어요. 언제 바닷물이 자신들을 덮쳐 생명을 앗아갈지 모르니까요.

2 지구를 덥게 하는 주범들

지구의 기후변화는 매우 복잡해요. 그래서 지구 온난화의 원인이 이것이라고 딱히 단정 짓기는 어려워요. 하지만 그 원인을 크게 자연적인 요인과 인위적인 요인 두 가지로 나눌 수 있어요.

자연적인 요인은 태양과 화산활동이 있어요. 지구는 공전과 자전 활동으로 태양과의 거리가 일정하지 않아요. 이것이 지구 온난화에 영향을 주죠. 또 화산이 폭발할 때 가스와 먼지를 얼마나 많이, 얼마나 높이 분출했는가에 따라서 기후에 영향을 미쳐요. 하지만 이런 자연적인 요인은 어쩔 수 없어요. 인간의 힘이 미칠 수 없는 자연 현상이니까요.

문제는 인위적인 요인이에요. 이런 요인으로는 온실가스 배출과 산림파괴, 토지 개발 등을 들 수 있어요. 온실가스는 지구의 대기(공기)에 존재하며 태양열을 흡수하는 기체를 말해요. 대표적인 온실가스로는 수증기, 이산화탄소, 메탄, 오존 등을 꼽을 수 있어요. 이 중에서 이산화탄소는 지구가 더워지는 원인의 주범으로 꼽히고 있어요.

태양열은 지구에 들어오면 다시 나가게 되어 있어요. 그런데 온실가스가 지구로 들어온 태양열 일부를 흡수해서 그 열이 지구 밖으로 못 나가게 하죠. 지구를 마치 온실의 유리처럼 따뜻하게 해주는 이 현상을 온실효과라고 불러요.

실제로 온실효과는 지구를 항상 일정한 온도로 유지해주는 매우 중요한 현상이에요. 만약 온실효과가 없다면 지구는 화성처럼 낮에는 햇빛을 받아 수십도 이상 올라가고, 밤에는 모든 열이 빠져나가 영하 100℃ 이하로 떨어지게 될 거예요.

문제는 화석연료(석유, 석탄) 사용과 숲 파괴, 자동차의 증가 등으로 온실가스 양이 지난 100여 년간 급격히 늘었다는 거예요. 온실가스의 증가로 태양열이 지구로 들어왔다가 나가지 못하는 양이 점점 늘어나고 있어요. 그러니 지구가 자꾸 더워지는 거예요.

나쁜 놈, 이산화탄소

지난 100여 년 사이 지구에서는 화석연료(석유, 석탄) 사용이 부쩍 늘어났어요. 그러면서 이산화탄소 배출량도 무척 늘어났어요. 대기(공기) 중에 이산화탄소가 많아지면서 지구 온난화를 더욱 증가시키는 요인이 되었어요.

물론 인위적으로 이산화탄소가 늘어났다 하더라도 이 이산화탄소가 모두 대기(공기)에 남아 있는 건 아니에요. 지구의 시스템은 모든 것이 조화롭게 순환하도록 되어 있어요. 그러니 대기 중에 탄소량이 어느 정도 늘어나면 숲과 바다에서 양을 늘려 흡수해 균형을 맞추죠. 하지만 최근에는 화석연료(석유, 석탄) 사용이 급격히 늘어나고 있고, 이 때문

공장에서 내뿜는 이산화탄소로 지구는 점점 더워지고 있다

에 배출되는 탄소량도 늘어나서 지구 시스템만으로는 균형을 맞출 수 없을 지경에 이르렀어요.

 석유와 석탄을 비교해 보면, 석유보다는 석탄이 이산화탄소를 더 많이 배출하는 것으로 나타났어요. 석탄 중에서도 무연탄이 가장 많은 이산화탄소를 방출하고 있어요. 아직까지는 화력발전이 전력 생산에 많은 비중을 차지하고 있는데, 화력발전의 연료가 바로 석탄이에요.

더 큰 문제는 공장이나 가정, 자동차에서 내뿜으며 태워 버리는 석유에요. 현재 우리 인간이 가장 많이 사용하는 에너지가 석유니까요. 우리는 석유 없이는 도저히 살 수 없는 상태예요. 월드워치 연구소의 〈2005년 지구환경 보고서〉에 따르면, "석유는 마약과 같다"고 했어요. 원하는 것을 얻고자 석유를 점점 더 많이 써야 하고, 석유 사용을 멈추면 금단현상이 일어나죠. 결국 부작용이 나타나도 끊지 못하고 계속해서 써야 한다는 거예요.

우리는 '석유 중독'에 걸린 거나 다름없어요. '석유 중독'에 걸린 우리는 석유를 쓰고 또 써서 닳아 없어질 때까지 쓰고 있죠. 그러는 사이 지구는 석유에서 나오는 이산화탄소로 점점 더워지고 오염되어 병들어가고 있어요.

더 위험한 메탄가스

이산화탄소 다음으로 지구가 더워지는 원인을 메탄가스로 꼽고 있어요. 요즘에는 이산화탄소보다 더 위험하다는 연구 결과도 속속 나오고 있어요. 메탄은 늪지대의 바닥에서 발생해요. 또 석탄 속에 들어 있기 때문에 석탄을 캐는 탄광에서 공기와 섞여 폭발을 일으킬 때도 있어요.

메탄은 전 세계에 존재해요. 규모가 큰 하천에서도 메탄이 방출될 수 있어요. 큰 하천 바닥에는 식물을 비롯한 수많은 것이 쌓여 있어요. 그것들이 계속해서 썩어 들어가면 부패하면서 메탄이 생겨나요. 물의 온도와 압력이 변하면 메탄이 빠르고 많이 방출될 수 있어요. 또 메탄은 얼음물에 갇혀 있다가, 온도가 상승하거나 얼음의 압력이 낮아지면 방출하기도 해요. 이렇게 언 형태의 메탄은 북극해의 바다 밑에 존재해요.

이산화탄소 양이 늘어 지구 온도가 올라가면 다양한 형태의 메탄이 방출을 시작할 것이고, 그러면 지구는 더욱 더워질 것이에요. 일단 메탄에 의한 지구 온난화가 시작되면 멈출 방법이 없어요. 어려워도 이산화탄소 배출은 감소시킬 수 있지만, 한 번 터지기 시작한 메탄 방출은 멈출 수가 없어요. 거대하고 무시무시한 자연의 힘이 이 세상을 완전히

변화시킬 거예요. 그러니 전체 이산화탄소 배출량을 줄이고, 아마존의 숲 지대를 보호하는 조치가 필요해요. 어떻게 해서든 지구가 더 더워지는 것을 막아야 하니까요.

지구 온난화의 원흉, 고기

여러분에게 지구 온난화의 원인을 떠올리라고 하면, 아마도 자동차, 공장, 비행기, 보트, 환경 파괴 등이 떠오를 거예요. 당연히 이것들도 지구를 덥게 하는 주요 요인임에는 틀림없어요. 하지만 실제로 온난화의 큰 원인은 바로 축산업, 즉 가축이라고 해요. 우리가 즐겨 먹는 소고기와 돼지고기, 닭고기가 온난화의 주요 원인이라니, 참으로 놀라운 일이죠!

기후변화를 다룬 다큐멘터리 영화 〈고기에 대한 불편한 진실 Meat the Truth〉에서는 축산업에서 나오는 온실가스 양이 자동차와 트럭, 기차, 보트, 비행기까지 모든 대중교통 수단이 내뿜는 온실가스보다 더 많다는 사실을 증명하고 있어요. 과학적 연구 결과를 통해서 말이죠.

실제로 공장형 축산업에서 발생하는 가스가 온난화 가스의 18퍼센트를 차지한다고 해요. 이 수치는 자동차를 비롯한 모든 교통수단이 내뿜는 가스보다 좀더 큰 수치예요. 도대체 왜 가축들이 온난화의 주범일까요?

되새김질하는 가축(특히 소)은 장내 박테리아가 음식물을 분해하고 발효시켜요. 이때 메탄가스가 만들어져 트림이나 방귀로 나오게 되죠. 소 한 마리가 1년 동안 내뿜는 온실가스는 자동차 한 대가 1년 동안 배출하는 양과 비슷하다고 해요. 이것은 또 4인 가족이 1년 동안 전기를 사용하면서 배출하는 온실가스 양과 맞먹는 수준이에요. 이런 사실은 축산업을 하는 농부들조차도 몰랐다고 해 놀라움을 주고 있어요.

일각에서는 축산업을 하는 농가에 소의 방귀세를 매겨야 한다고 주장하는 사람들도 있어요. 실제로 에스토니아는 소를 키우는 농가에 방귀세를 부여하고 있죠. 덴마크와 뉴질랜드에서는 방귀세를 추진했으나 농민의 반대에 부딪혀 무산되었다고 해요.

우리가 키우는 소가 방귀나 트림으로 상상할 수 없을 정도의 메탄가스를 내뿜고 있다

예전에는 육식을 많이 하지 않았으니, 상대적으로 키우는 가축 수가 많지 않았어요. 환경오염에 별 영향을 주지 않을 정도였죠. 하지만 고기를 찾는 사람들이 점점 늘어나면서 가축 수는 기하급수적으로 늘어났어요.

이토록 많은 가축을 키우려면 그들의 주 먹이인 콩과 옥수수 등을 대량생산해야만 하죠. 그래서 사람들은 열대우림과 같은 숲을 밀어내고, 가축의 먹이를 재배하고 있어요. 그러니 수많은 가축의 먹이를 위해서 그만큼의 많은 숲이 사라지는 거예요. 특히 아마존 밀림은 콩과 옥수수 생산 때문에 몸살을 앓고 있어요. 이렇게 녹색 숲이 없어지니, 지구는 자꾸 더워질 수밖에요. 그러니 축산업에 변화의 바람이 절실해졌어요.

사람들이 부유해지면 질수록 고기 소비는 증가하기 마련이죠. 어마어마한 속도로요. 하지만 육식은 가장 환경 파괴가 강한 요소예요. 우리는 소와 돼지, 닭 등의 산더미 같은 똥을 생산하는 데 엄청난 역할을 담당하고 있어요.

〈고기에 대한 불편한 진실 Meat the Truth〉이라는 다큐멘터리에서는 미국인들이 하루에 한 끼만 고기를 먹지 않으면 50만 대의 차가 배출하는 가스의 양을 줄일 수 있다고 지적했어요. 영국에서는 '월요일은 고기를 먹지 말자'는 캠페인을 펼치고 있어요. 비틀즈의 폴 매카트니가 "월요일만은 고기를 먹지 맙시다. 그래서 지구를 구합시다"라는 캠페인 송을 불렀죠. 이것은 비단 미국과 영국에만 해당하지는 않을 거예요. 이제는 우리도 그들과 별반 다르지 않게 고기를 즐기고 있으니까요. 그러니 우리도 지구를 살리는 일에 참여해야하지 않을까요?

자동차 공화국

1980년대 초반만 해도 현대자동차의 '포니'만 있어도 그 집은 부자로 통했어요. 자가용이 있다는 것만으로도 부유의 상징이었죠. 포니 자동차는 지금으로 말하면, 기아의 프라이드급이나 현대의 엑센트급 정도예요. 그리고 '그라나다'라는 차를 타고 다니면 재벌급으로 생각했어요. 그라나다는 지금의 그랜저급이라고 생각하면 되죠. 하지만 자동차는 발전에 발전을 거듭해서 엄청나게 대형화되었어요. 거대한 수입 자동차도 이제는 전혀 낯설지 않아요.

불과 30여 년 전만 해도 에어컨을 장착하지 않은 차가 꽤 많았어요. 하지만 현재는 그런 차를 찾기란 사실상 어려워졌어요. 요즘은 고객의 기대치가 높아서 쾌적하고 문화적인 사양까지도 기본으로 원하는 경우가 많아요. 그래서 내비게이션은 물론, TV에 고급오디오, 선루프까지 다 장착되어 있죠. 자동차가 호화로워지면서 점점 대형화되었어요.

자동차가 이렇게 대형화하고 대중화하면서 자동차 또한 지구 온난화의 주범에 끼게 되었어요. 자동차와 그 공장에서 내뿜는 이산화탄소 때문에 우리는 시내에 나갔다 오면 콧구멍이 새까매지는 걸 이제는 당연한 일로 여기니까요.

신차 모델이 나오는 기간도 예전과는 비교도 안 되게 짧아졌어요. 예전에는 대략 5년 정도 기간으로 신차 모델이 나왔는데, 요즘은 3년으로 짧아졌어요. 새로운 모델이 나오면 새로운 것을 사고 싶은 게 사람의 심리죠. 기업들은 이런 소비자들의 심리를 교묘히 이용해서 신차 간격을 점점 좁

점점 더 화려해지고 커지는 SUV 차량들

혀가고 있어요.

또 안전을 생각한다는 이유로 SUV(Sport Utility Vehicle, 소렌토나 산타페 등)라는 덩치 큰 차를 점점 더 좋아하게 되었죠. SUV를 신분의 상징으로 생각하는 사람들도 많아요. 그러니 이런 차를 굴리려고 연료비를 50~60만 원쯤 들이는 건 문제라고 생각하지 않아요. 하지만 SUV는 일반 차량보다도 대기오염을 더 많이 유발해요. 일반 승용차보다 무겁고 크기 때문에 더 큰 엔진이 필요할 테니, 연료가 더 많이 들죠. 당연히 이산화탄소도 더 많이 내뿜겠죠.

다행히 요즘에는 많은 사람이 환경을 걱정하기 시작했어요. 그래서 시장에서 주목받고 있는 차가 '하이브리드' 자동차예요. 환경오염을 일으키는 가스를 최대 90퍼센트까지 줄일 수 있는 환경자동차예요. 연료 소모량도 휘발유 자동차보다 훨씬 더 적고요.

하이브리드 hybrid 라는 단어는 '잡종, 혼혈'이란 뜻으로, 휘발유와 전기를 둘 다 사용하는 자동차예요. 한마디로 속도를 내야 하는 도로에서는 휘발유로 움직이지만, 복잡한 도로에서는 충전해서 쓰는 전기 모터로 움직이는 시스템이에요. 요즘에는 이런 자동차의 사용을 권장하고 있어요.

현대 사회에서 자동차 없이 산다는 건 몹시 불편한 일이에요. 하지만 자동차를 지나치게 사용하는 것 또한 지구를 아프게 하는 일이에요. 그러니 굳이 자동차를 타지 않아도 되는 거리는 꼭 걷도록 해요.

걷기는 아무리 강조해도 넘치지가 않아요. 하루에 30분씩만 걸어도 삶을 건강하고 행복하게 살 수 있어요. 규칙적으로 걸으면 심장마비를 예방할 수 있고, 혈액순환을 원활하게 해 주어 심장병을 예방한다고 해요. 또 걸으면 당뇨병과 비만도 예방할 수 있어요. 무엇보다도 걷기는 스트레스 해소에 그만이에요. 걷다 보면, 뇌에 적당한 자극이 되어 스트레스와 우울증이 사라진다고 해요. 건강해지는데 걷기는 빼놓을 수 없는 좋은 운동이에요.

걷기 다음으로 좋은 것이 자전거 타기에요. 근래 우리나라에서는 자전거 타기 붐이 일었어요. 전국에 자전거 도로도 많이 생겨, 그동안 도로에서 위험해 자전거를 타지 못했던 사람들에게는 반가움을 선사했어요. 자전거 타기는 환경오염을 줄이고 건강한 삶을 유지하자는 것이 그 목적이에요. 자전거를 하루 30분, 일주일에 다섯 번 정도를 타면 심장병이나 중풍을 50퍼센트 이상, 대장암과 직장암을 40퍼센트 이상 감소시킨다는 연구 결과가 나왔어요. 자전거는 관절과 심장에 무리를 주지 않는 운동이에요. 이산화탄소도 전혀

요즘엔 자전거 도로가 많이 생겨, 자전거 여행이 늘고 있다

내뿜지 않아 환경을 오염시키지도 않아요.

경기도 고양시에서는 '피프틴fifteen'이란 자전거 임대 서비스를 하고 있어요. 버스 정류장처럼 자전거 정류장에 자전거를 세워두고 누구나 이용할 수 있는 시스템이에요. 이용 방법은 회원으로 가입해 카드를 발급받아 이용하기도 하고, 그냥 40분에 천원을 내고 이용하기도 해요. 결재는 무인단말기에 휴대폰이나 신용카드로 하면 되죠. 이용한 자전거는 피프틴 정류장 어디에나 세워두면 되고요.

이 제도는 주민들이 자전거를 편리하게 이용하는 데 많은 도움이 된 것은 물론, 고양시의 환경오염을 많이 줄였다고 해요. 피프틴 자전거의 이용은 고양시가 나무 2만 그루 이상 심었을 때의 효과를 내고 있다고 하니, 참으로 반가운 소식이 아닐 수 없어요.

이름이 왜 '피프틴'인가 했더니, 자전거를 타고 다니면서 환경오염을 15퍼센트 줄이자는 취지와 자전거의 평균 속도가 15킬로미터라는 것을 뜻한다고 해요.

이렇게 걷기와 자전거 타기 등은 건강에도 좋은 것은 물론, 환경에도 큰 도움이 되어요. 습관은 어릴 때부터 들이는 것이 중요해요. 어릴 적 습관은 잘 바뀌지 않거든요. 그러니 가까운 거리는 걷거나 자전거를 타는 습관을 들인다면 삶을 건강하게 살 수 있어요.

3

사라지는 숲 이야기

 나무를 비롯한 식물은 이산화탄소를 먹고 살아요. 환경에 해가 되는 이산화탄소를 먹어 주니, 참으로 고마운 존재죠. 그뿐만 아니라 폭우가 내리거나 태풍이 몰아칠 때도 보호막 역할을 해줘요. 숲이 없는 허허벌판에 폭우가 내리면 그 빗물은 곧바로 사람이 사는 곳으로 내려오죠. 하지만 숲이 있다면 빗물을 흡수해서 저장해 주죠.

 태풍도 마찬가지예요. 황량한 벌판에 태풍이 불어닥치면, 아무것도 거칠 것 없는 벌판을 거쳐 사람에게로 오죠.

하지만 중간에 숲이 있다면, 그 숲은 집의 문과 같은 역할을 해줘요. 한마디로 바람막이인 셈이죠.

그런데 요즘 그 고마운 숲이 심한 몸살을 앓고 있어요. 유럽을 비롯한 선진국에서는 숲이 얼마나 중요한지를 깨닫고는 숲을 파괴하는 일이 점점 줄어들고 있지만, 개발도상국에서는 아직도 수많은 숲이 사라지고 있어요. 국토를 개발하고 자원을 캐내고 식량을 생산한다는 명목으로요.

예전의 필리핀은 국토의 60퍼센트가 나무로 뒤덮인 울창한 나라였어요. 하지만 이제는 10퍼센트도 남지 않았어요. 필리핀 사람들은 빼곡한 원시림을 베어내고, 그 자리에 돈벌이가 되는 야자수 농장을 즐비하게 세웠어요. 그러니 필리핀 국민들은 산사태나 태풍과 같은 자연재해에서 벗어나질 못하고 있어요. 2006년에는 레이테 섬에서 끔찍한 산사태가 발생해서 수많은 사람의 목숨을 앗아갔어요.

브라질의 국토는 많은 부분이 아마존 열대우림이에요. 브라질도 필리핀의 경우와 마찬가지로 빽빽한 원시림을 베어 농장을 만들고 있어요. 가축을 먹일 콩을 재배할 농장을 만들려고요. 당연히 GMO 콩이죠. 거대한 농지에 엄청난 양의 화학 비료를 쏟아 부어서요.

아마존의 콩 재배는 전 세계적으로도 문제가 되고 있어요. 가축을 먹일 콩을 심으려고 지구의 중요한 산소통인 아마존 밀림을 파괴할 수 없다는 여론이 뜨겁거든요.

인간이 살면서 나무를 안 베고는 살 수 없어요. 우리가 살아가는데 나무는 꼭 필요한 존재니까요. 하다못해 이 책의 종이도 연필도 책상도 의자도 모두 나무로 만드니까요. 하지만 나무를 벨 때는 반드시 그 베는 숫자만큼 나무를 심어야 해요. 그래야 자연이 최소한의 균형을 잃질 않아요.

지구의 산소통, 아마존

세상에서 가장 큰 숲은 아마존이에요. 이 거대한 숲은 브라질과 콜롬비아, 에콰도르, 베네수엘라, 페루 등을 비롯한 남아메리카 아홉 개 나라에 걸쳐 있어요. 크기는 남아메리카 대륙의 거의 절반 정도나 되는 어마어마한 크기죠.

아마존은 따뜻하고 습한 기후 때문에 야생동물들이 살

하늘에서 본 에콰도르에서 아마존으로 흐르는 강줄기

기에는 천국이에요. 그래서 전 세계 동식물의 절반 이상이 이 아마존에서 살고 있어요. 이곳 나무들은 이 세상의 이산화탄소를 가장 많이 흡수하고 있죠.

   밀림으로 이루어진 아마존은 지구에서 필요한 산소의 4분의 1을 생성하고 있어요. 이산화탄소를 먹어서 산소로 뱉어 내는 아마존 열대우림은 지구가 더워지는 것을 막아주죠. 참으로 소중한 지구의 보물이랍니다.

그런데 사람들은 이 보물 숲을 마구 베어버리고 있어요. 집과 건물과 가구를 만들 재료를 구하기 위해서, 또 가축들을 먹일 콩과 옥수수를 심을 땅을 마련하기 위해서, 사탕수수 농장을 만들기 위해서죠. 해마다 거의 우리나라만한 숲이 사라진다고 하니, 한숨이 절로 나오네요. 이렇게 숲이 점점 사라지니, 그곳에 살던 야생동물들도 갈 곳을 잃어, 멸종 위기에 처하죠. 이런 속도라면 아마도 70년 안에 아마존은 이 지구에서 영원히 사라지고 말 거예요.

지구의 허파, 콩고 분지

아마존 다음으로 지구에서 큰 숲이 콩고 분지예요. 이곳은 콩고 공화국과 중앙아프리카 공화국, 잠비아, 앙골라, 카메룬과 탄자니아 등에 걸쳐 있어요. 이 콩고 분지에는 급류에서 고기를 잡는 와게니아족과 세상에서 키가 가장 작은 피그미족이 살고 있어요.

19세기 말부터 유럽 나라들이 검은 대륙 아프리카에 들어와 아프리카 나라들을 식민통치하면서 그들은 콩고 분지를 무자비하게 파괴하기 시작했어요. 자원개발과 경제개발이란 명분으로 말이죠.

콩고 분지에는 노트북과 휴대폰에 사용하는 다이아몬드와 금, 콜탄 같은 귀중한 자원이 아주 많이 매장되어 있어요. 유럽 열강들은 이런 천연자원들을 앞다투어 캐기 시작했고, 침팬지와 고릴라 등을 비롯한 야생동물들이 삶의 터전을 잃었어요. 거기다 불법적으로까지 거래되고 있죠. 이런 불법 거래와 무차별적인 자원 채굴을 막고자 프랑스와 독일, 일본, 영국, 미국 등은 환경운동가들과 합세해서 콩고 분지의 환경을 감시하고 보호하는 네트워크를 창설했어요. 그들은 반드시 허가를 받고 나무를 베거나 천연자원을 팔 것을 당부했지만, 불법 행위가 발생해도 벌금 외에는 마땅한 벌이 없는 형편이죠.

나무 심기 프로젝트

아마존과 콩고 분지뿐만 아니라 수많은 크고 작은 숲이

무분별한 벌목은 금지되어야만 한다

점점 더 사라지고 있어요. 우리나라도 지난 수십 년 동안 산을 깎아 도로를 내고, 건물과 아파트를 세웠어요. 불과 20년 전의 대한민국 모습과 지금은 완전히 딴판이죠. 이렇듯 개발이 무조건 좋은 것이라고는 할 수 없어요. 개발에는 소중한 자원과 땅과 나무, 그리고 야생동물들의 희생이 따르기 때문이에요. 이제는 발전과 개발보다는 자연을 지키는 것이 더 큰 우리의 의무라고 할 수 있어요.

많은 환경 운동가가 아마존과 콩고 분지를 비롯한 숲을 지키는 일에 목숨을 걸고 있어요. 실제로 그들은 개발업자들에게 생명의 위협까지도 받고 있어요.

"앞으로 한 달 안에 여러분은 내가 실종됐다는 뉴스를 듣게 될 겁니다. 하지만 나는 어떤 대가를 치르더라도 이 숲을 지킬 겁니다. 나는 불법 벌목업자들과 목탄 생산자들을 비난합니다. 그 때문에 나는 내 목숨을 지킬 수 없을 겁니다."

이 말은 아마존의 숲을 지키려던 어느 환경운동가가 한 말이에요. 이 말을 하고 얼마 뒤 그와 그의 아내는 벌목업자의 총에 맞아 숨졌어요.

이 사람이 무엇 때문에 숲에 목숨을 건 것일까요? 그는 그 숲을 지키지 않으면 우리 인류가 멸망할 거로 생각했을 거예요. 환경운동가들은 숲이 없으면 인류가 멸망하리라고 믿고 있어요. 이런 이유로 2004년에는 일생을 나무 심는데 바친 케냐의 왕가리 마타이가 노벨평화상을 탔어요. 당시 사람들은 나무를 심는 것과 평화를 지키는 것이 무슨 상관이 있느냐며 그녀의 수상을 의아해 했어요. 하지만 왕가리 마타이가 탄 노벨평화상의 의미는 환경을 지키는 것이 우리 인류를 지키는 것이라는 사실을 깨우쳐 준 거예요.

나무 한 그루는 1년에 평균 5.6킬로그램 가량의 이산화탄소를 흡수하고, 평생 1톤 이상의 이산화탄소를 흡수할 수 있어요. 게다가 두 사람이 평생 마실 산소를 제공하죠. 그러니 나무를 심는 것이 곧 인류를 보전하는 것과 다름 없음은 두말할 나위도 없어요.

2006년 11월, 유엔환경계획(UNEP, 유넵)은 10억 그루 나무 심기 프로젝트를 시작했어요. 노벨평화상을 탄 왕가리 마타이와 모나코의 앨버트 왕자, 세계농산림센터의 후원으로 이 사업은 전 세계적으로 퍼져 나갔어요. 10억 그루라는 목표는 2007년에 쉽게 이루어졌고, 현재 110억 그루의 나무가 170여 개 국가에서 심어졌어요. 이 프로젝트에는 전 세계 청소년들의 참여도 아주 컸어요. 이제 유넵은 130억 그루의 나무 심기에 도전하고 있어요.

그렇다면 한국 사람은 평생 몇 그루의 나무를 심어야 할까요? 정답은 410그루 정도예요. 엄청 많죠? 우리가 나무를 소비하는 만큼 채우려면 우리는 태어나면서부터 해마다 5~6그루의 나무를 심어야 한다고 해요. 하지만 현실적으로 따로 시간을 내어 개인적으로 나무를 심기란 간단한 일이 아니죠.

나무 심기 프로젝트에 참여하고 싶은데, 방법을 잘 모른다면 10억 그루 나무 심기 홈페이지(www.unep.or.kr/billiontreecampaign)를 방문해 보세요. 도움이 될 거예요. "한 그루의 나무로 모든 것이 시작되었다"고 나무를 심는 여인, 왕가리 마타이가 말했어요. 그러니 매년 나무 한 그루를 심는다면 지구에 큰 도움이 될 거예요.

우리가 지구를 위해 일하는 것은 미래 세대를 위해 더 건강한 지구를 만드는 일이니까요.

part 3
몸살로 앓아누운 바다

1 인간을 용서한 고래들

멕시코 동부해안 바하칼리포르니아 바다에는 행동이 느린 귀신고래들이 새끼를 낳아 평화롭게 살고 있었다. 그런데 언젠가부터 인간은 귀신고래들이 느리다는 것을 이용해서 그들을 마구잡이로 잡아들이기 시작했다. 종족을 보호하려는 귀신고래들은 공격해 오는 인간에게 복수를 결심하고 악마가 되어 인간을 위협했다. 고래잡이가 금지된 이후에도 고래와 인간은 서로 경계의 끈을 늦추지 않았다.

파치코 마조랄은 이곳에서 고기를 잡는 어부였다. 어느 날,

그는 바다에 배를 띄우고 낚시를 하던 중에 귀신고래와 딱 마주치게 되자, 겁을 집어 먹었다. 귀신고래가 자신을 공격해 목숨을 잃게 될까 봐 굉장히 무서웠다. 그런데 고래는 어부를 공격하지 않고 배 주변에 가만히 붙어서 그를 빤히 응시하고 있었다. 어부는 귀신고래가 자신을 공격할 생각이 없다는 사실을 깨닫고는 용기를 내어 고래를 쓰다듬었다. 놀랍게도 고래가 가만히 있는 것이 아닌가.

그리고 시간이 흘러, 그곳에 가면 귀신고래들을 가까이서 만질 수 있다는 소문이 퍼져 나갔다. 귀신고래들이 전처럼 인간을 공격하지 않고, 배에 다가와 인간이 자신들을 만지도록 내버려 둔다는 소문이었다.

무자비하게 자신들을 잡아들이고 사냥했던 인간에게 다가와 준 고래들, 그들은 인간과 화해한 것이다. 동물행동학자들은 이 현상을 교감이라 불렀다.

이 이야기는 EBS 다큐 10+의 〈대양의 지배자들, 생각하는 돌고래〉에서 소개한 내용이에요.

몸살로 앓아누운 바다

인간과 친숙한 귀신고래

다큐멘터리 내용은 돌고래에겐 높은 지능이 있다는 것을 밝히는 것이었어요. 다큐멘터리에 따르면, 돌고래는 언어소통 능력과 호기심, 창의력을 갖고 있다고 해요. 어미는 새끼가 다섯 살이 될 때까지 교육하고, 새끼가 청년이 된 후에도 고유의 소리를 이용해서 부모와 서로 연락하며 지낸다고 했어요.

언어를 사용해서 사물을 인식하는 동물은 인간과 돌고래뿐이에요. 흥미로운 사실은 돌고래 무리가 싸움을 할 때에도 몸싸움이 아닌 언어로 싸운다는 것이죠. 이것은 돌고래의 언어수준이 높다는 뜻이에요.

예전의 미국 대서양 앞바다에는 바닷가재와 게가 지천으로 깔렸었어요. 그때는 이것들을 감옥이나 보육원으로 보냈어요. 농장 주인들은 이것들을 비료로 쓰기도 했고요. 그런데 바닷가재가 점점 잡히지 않게 되자, 가격이 비싸졌고, 이제는 부자들의 식탁에나 오르게 되었어요.

오랫동안 인간들은 쉴 새 없이 바다 생물들을 잡아들였어요. 그들은 번식할 시간조차 허락받지 못하고 인간들에게 잡혔어요. 이런 추세로 간다면 돌고래의 울음소리도 공룡처럼 전설이 될 날이 머지않았어요. 귀신고래들도 한 번은 인간을 용서하겠지만 두 번의 용서는 없을 거예요.

제발, 우릴 살려주세요!

상괭이는 우리나라 서해안과 남해안, 동해에서 무리를

미소가 예쁜 토종 고래, 상괭이

이뤄 이동하는 돌고래예요. 이름처럼 얼굴이 귀여운 상괭이는 얼굴만 빠끔히 물 위로 내밀었다가 다시 물속으로 들어가기를 반복하는 특징이 있어요. 오징어와 새우를 좋아한다고 해요.

상괭이가 가장 많이 죽는 원인은 무분별한 불법 포획과 조류를 이용해서 고기를 잡는 어망 때문이에요. 이런 어망은 상괭이의 무덤이나 다름 없어요. 상괭이는 다른 고기를 잡으려고 설치한 어망에 갇힌 고기들을 먹으려고 들어갔다가 그만 빠져나오지 못하고 질식해서 죽는 경우가 허다하죠. 그러면서 상괭이 수는 점점 줄어들어 현재는 멸종 위기에 처해 있어요.

멕시코와 뉴질랜드 앞바다에 서식하는 마우이 돌고래와 바키타 돌고래도 멸종 위기를 맞고 있어요. 마우이 돌고래는 전 세계에 55마리만, 바키타 돌고래는 220여 마리만 남은 상태에요. 이마저도 점점 줄어들고 있다는군요. 요즘 들어 뉴질랜드와 멕시코 앞바다의 자망(그물)을 모두 제거해야 한다는 여론이 들끓고 있어요. 그렇지 않으면 이 동물들의 멸종에 책임을 져야 할 날이 곧 올 것이라며 으름장을 놓았어요.

국제포경위원회의 마이클 스타초비치 오스트리아 위원은 "다리 하나가 붕괴하고, 기업이 무너져도 누군가가 책임을 지는데, 하물며 이처럼 높은 지능을 지닌 동물이 영원히 사라진다고 생각해 보라. 얼마나 더 큰 책임을 져야 할지 생

결국 이 세상에서 사라진 창장 돌고래

각해 달라"고 호소하기도 했어요.

중국 창장(양쯔강)에 사는 민물 돌고래가 있었어요. 창장에 빠져 죽은 여인의 환생이라는 전설 때문에 이 돌고래는 '창장의 여신'이라는 별명으로 불렸어요. 그런데 언젠가부터 이 창장 돌고래의 모습이 보이지 않는 거예요.

중국과 영국의 조사팀이 이 돌고래를 찾으려고 6주간

4차례나 탐사했어요. 창장 돌고래를 찾아 동물보존지역으로 옮겨, 그 수를 늘릴 계획이었어요. 하지만 끝내 흔적도 찾지 못했죠. 결국 그들은 '창장 돌고래가 멸종했다'는 보도를 내보냈어요. 이 돌고래가 멸종한 것은 강의 오염과 무분별한 포획 때문이에요. 1950년대까지는 500마리가 살고 있었지만, 1980년대에는 400마리로, 1999년에는 13마리로, 이제는 한 마리도 남지 않게 되었어요.

조사팀에 참여한 샘 터비 박사는 "창장 돌고래처럼 독특하고 카리스마 넘치는 종을 잃게 된 건 충격적인 비극"이라고 비통해했어요. 영국 언론들도 "이 돌고래는 최근 50년 사이에 인간의 활동 탓에 멸종한 최초의 거대 척추동물"이라며 멸종을 슬퍼하는 보도를 내었어요.

미국 〈타임〉지가 뽑은 '2007년 세계 10대 인재(인간이 일으키는 재난)'에 중국 창장 돌고래 멸종이 4위를 차지했어요. 〈타임〉지에 따르면, "창장 돌고래는 지금으로부터 200~400만 년 전 바다 고래와 바다 돌고래에서 분화돼 나와, 유일하게 살아남은 담수 포유류였지만, 유감스럽게도 이제는 멸종된 것으로 밝혀졌다"고 했어요. 이밖에 〈타임〉지가 뽑은 '2007년 세계 10대 인재' 1위에는 지구 온난화가 선정됐어요.

2

검은 기름이
태안 바다에 두둥실~

2007년 12월 7일, 오전 7시 6분경. 태안군 앞바다에서 삼성물산 소속의 '삼성 1호' 선박(배)이 정박해 있던 유조선의 옆을 꽝 들이받았다. 받힌 유조선 허베이 스피릿 호에 커다란 구멍이 뚫려 이내 시커먼 기름이 콸콸 쏟아져 바다로 흘러들었다. 사고가 나고 이틀 내내 기름이 바다로 펑펑 쏟아졌다. 가까스로 구멍을 막았으나 이미 바닷물은 새까매졌고, 인근 양식장의 어패류가 떼죽음을 당했다. 바다의 물살이 거세어 기름 찌꺼기가 안면도와 군산 앞바다까지 내려갔다. 뭉친 기름 덩어리는 점차 빠르게 퍼져 20일 만에 전라남도까지 밀려갔다.

 이 태안 기름 유출 사고는 태안 주민들에게만 충격이 아니라, 대한민국 아니, 전 세계 사람들에게 충격을 안겨 주었어요. 아름다운 서해바다가 검은 기름으로 뒤덮였거든요.
 언론을 통해 사고를 접한 사람들은 너나 할 것 없이 태안으로 몰려들었어요. 기름 제거 작업을 돕기 위해서였죠. 120만이 넘는 사람들이 태안을 찾아 자원봉사를 했어요. 자원봉사자들은 흡착포나 헌 옷 등을 이용해서 해안가의 기름을 제거했어요. 이런 현상은 전 세계를 또 한번 놀라게 했어요. 이렇게 어마어마한 자원봉사자들이 몰릴 거라고는 아무도 생각지 못했거든요. 세상에 우리 한국인의 저력을 보여준 사건이기도 해요.
 TV를 통해서 보는 기름 제거 영상은 참으로 참혹했어요. 그토록 아름답던 만리포 해수욕장이 시커먼 기름으로

몸살로 앓아누운 바다

기름으로 뒤덮인 태안의 모항

덥혀서 닦아도 닦아도 기름때는 사라지지 않았어요. TV 프로그램에서도 너나 할 것 없이 자원봉사에 나섰어요. 〈남자의 자격〉 팀이 시키먼 기름을 제거하는 모습이 생생하네요.

갯벌에서 와이자형으로 구멍을 파고 사는 쏙

당시 이경규 아저씨의 참담한 표정을 지금도 잊지 못할 것 같아요.

이 사고로 서해바다 생태계는 끔찍한 재앙을 맞았어요. 검은 기름이 바다를 덮으면서 햇볕이 바닷속으로 통과하지 못했어요. 햇볕을 받지 못한 바닷속 생물들은 광합성을 하지 못해 모두 떼죽음을 당했죠. 그들의 시체가 검은 바다 위로 둥둥 떠올랐어요.

국제적인 보호대상인 토종 돌고래 상괭이 무리가 죽은 채로 발견되었고, 철새도래지도 철저히 파괴되었어요. 또 갯벌에서 와이자형으로 구멍을 파고 사는 쏙이 떼죽음을 당한 채로 발견되었어요. 특히 이번에 떼죽음 당한 쏙 가운데 상당수는 알을 품고 있었다고 해, 안타까움을 더했어요. 이번 기름 유출로 가장 심하게 오염된 만리포 해수욕장에서는 모래구슬 만들기로 유명한 엽낭게도 대량으로 떼죽음을 당했어요.

생태계는 물론 그 일대 주민들의 삶도 철저히 파괴되었어요. 삶의 터전을 잃고 스스로 목숨을 끊은 주민들도 있어요. 당시 주민들은 물론, 자원봉사자들까지 모두 발벗고 나서 검게 물든 바다를 살리겠다는 일념 하나로 기름 걷는 작업에 참여했어요. 그들 중 상당수가 지원물품이 부족하여 마스크나 장화도 신지 않고 기름 제거 작업을 했어요. 그때는 몸을 보호해야 한다는 생각보다는 바다를 살리겠다는 일념이 더 강했으니까요. 하지만 한동안 기름 제거 작업을 하고 나니, 속이 매스껍고 어지럽고 몸에 이상 증세가 나타나기 시작했어요. 이들은 모두 기름의 독성에 무방비 상태로 노출된 거예요.

군환경보건센터가 서해안 주민 1만 명을 대상으로 건강 검사를 실시했어요. 그 결과 기름 제거 작업에 참여한 날이 많으면 많을수록, 사고 지역과 사는 곳이 가까우면 가까울수록 호흡기 질환과 알레르기, 고혈압, 당뇨, 우울증, 스트레스 정도가 더 심한 것으로 나타났어요. 주민들의 암 발병률도 현저히 늘어났어요.

음식점을 하는 어느 한 주민은 사고가 나고 1년간은 매일 바다에 나가서 울었다고 했어요. 그 많았던 관광객의 발길도 뚝 끊긴데다, 바다에서 그 무엇도 잡아올릴 수 없었기에 그들은 삶의 터전을 잃은 거나 마찬가지라고 했어요.

기름 유출 사고가 난 지 만 6년이 지난 지금, 서해안은 많이 깨끗해졌다고 해요. 만리포 해수욕장에 모래구슬을 만드는 엽낭게도 돌아왔다니, 정말로 기쁜 일이에요. 굴 양식을 하는 한 어부는 5년 만에 굴 수확을 보게 되었다며 눈물을 글썽였어요.

몸살로 앓아누운 바다

모래구슬 만들기로 유명한 엽낭게

    태안 해안은 차차 예전의 모습을 되찾아가고 있어요. 하지만 구름포와 모항, 신두리 등지의 갯벌이나 바위틈, 자갈밭 아래에는 지금도 기름띠와 작은 타르 찌꺼기가 발견되고 있어요. 그리고 청정해역에서 자라는 굴이 줄고는 대신에 바지락이 많이 번식하고 있어요. 어민들과 해양 전문가들은 이런 생태계의 변화에 이만저만한 걱정이 아니에요.

부주의한 한 기업의 실수로 말미암아 아무런 죄 없는 바닷가 주민들과 나약하기 이를 데 없는 바다 생물들이 죽음을 당했거나 생명에 위협을 느꼈어요. 이것을 어떤 식으로 책임져야 할까요?

사상 최악의 검은 재앙

1989년 3월 24일, 길이가 300미터나 되는 거대한 유조선이 항해를 시작했다. 이 배는 세계 1위 석유회사인 엑슨모빌의 유조선으로, 16만 3천 톤이나 되는 기름이 실려 있었다. 엑슨 발데즈 호가 알래스카에서 캘리포니아로 항해하는 도중에 크고 작은 빙산들이 발견되었다. 이에 당황한 선장은 경로를 바꾸기로 했다. 그런데 술을 마신 선장은 3등 항해사에게 지휘를 맡기고 어처구니 없게도 술에 취해 잠이 들어버렸다. 3등 항해사가 배를 돌리라는 지시를 했지만 배는 제대로 방향을 바꾸지 못하고 말았다. 밤 12시 4분경, 배는 알래스카 남부의 프린스 윌리엄스 해협에서 암초에 부딪혔다. 그 충격으로 배에는 세 개의 구멍이 생겨 순식간에 기름이 콸콸 흘러나오기 시작했다. 칠흑처럼 어두운 밤바다는 탱크에서 쏟아져 나온 기름으로 까맣게 뒤덮이는 봉변을 당했다.

이 엑슨 발데즈 호 기름 유출은 세계적으로 악명 높은 사건이에요. 이 사고가 일어난 알래스카 남부의 프린스 윌리엄스 해협은 연어와 해달, 바닷새, 물개 등이 서식하는 중요 생태지였어요. 폭풍이 일면서 기름띠는 700여 킬로미터 이상 번져 나갔고, 2천 킬로미터에 이르는 바닷가 일대가 심각하게 오염되었어요.

수많은 청어와 연어가 떼죽음을 당한 걸 비롯해서 바닷새 50만 마리가 죽었고, 물개 300마리, 해달 4천 마리가량이 죽었어요. 또한 프린스 윌리엄스 해협에 서식하는 범고래 36마리 가운데 22마리가 죽었어요. 인근 해안 역시 검은 재앙으로 쑥대밭이 되었어요.

이곳은 귀중한 바다 생물들이 사는 청정지역이므로, 그

피해 규모도 우리의 태안 기름 유출 양보다 두 배나 더 많았어요. 이 사고가 해양 생태계에 끼친 손실은 실로 어마어마했죠.

사고가 일어났을 때 선장은 구조요청을 했으나, 구조대는 이 같은 대규모 기름 유출 사고에 대비한 시스템을 갖추지 못했어요. 그러니 적절한 대응을 하지 못한 것이죠. 그래서 피해 규모는 더욱 커졌어요.

바다에 유출된 기름은 저절로 없어지지 않아요. 그렇기 때문에 해양 환경과 해양 생태계에 지속적인 영향을 끼쳐요. 따라서 사고가 일어난 지 20여 년이 지난 지금도 일부 바닷가에서는 기름 찌꺼기가 발견되고 있어요. 살아남은 생물들도 오염된 먹이를 먹어야 했고, 기름 찌꺼기에 노출되어야 했어요. 이런 환경에서 제대로 살아남지 못하고 생을 마감한 생물들도 많아요. 사정이 이러하니, 잠재적인 영향과 피해는 도저히 알 수가 없죠.

환경이란 것은 한 번 망가지면 되돌리는 데 엄청난 대가가 따라요. 우리나라 속담에 '소 잃고 외양간 고친다'는 말

기름 유출 사고로 기름 범벅이 된 모래사장

이 있어요. 이 말은 허술한 외양간을 그냥 방치하고 있다가 소를 잃고 나서야 후회하며 외양간을 고친다는 뜻이에요. 하지만 아무리 외양간을 튼튼하게 고쳐도 잃어버린 소가 돌아오지는 않아요. 환경도 마찬가지예요. 특히 인간의 작은 실수로 환경에 큰 잘못을 해서 북극곰이나 돌고래 같은 생명체가 지구상에서 사라져 버린다면 돌이킬 수 없는 일이 될 거예요.

기름 유출만이 바다를 위협하는 요소는 아니에요. 공장과 산업시설에서 버리는 폐수와 각 가정에서 흘려 보내는 생활하수, 농사를 지으며 사용하는 비료와 농약도 심각한 문제를 일으키고 있어요.

가축 사료용으로 전 세계 곡식 수확물의 70퍼센트를 쓰고 있다면 믿기나요? 하지만 사실이에요. 앞서 말했듯이, 이미 우리는 인류가 먹을 곡식을 충분히 생산하고 있어요. 그런데 이중에서 많은 부분을 가축이 먹어치우고 있는 거예요. 가난해서 굶어 죽는 아프리카의 아이들도 많은데, 곡식 수확량의 70퍼센트나 가축이 먹고 있다니, 참으로 놀라운 일이 아닐 수 없어요.

요즘은 기계가 발달해서 농사를 지을 때 씨를 뿌리는 것도, 물을 주는 것도, 농약을 뿌리는 것도, 밭을 가는 것도, 모두 기계로 이루어지죠. 이 과정에서 석유나 석탄이 엄청나게 쓰여요. 거기다 농약과 화학 비료도 엄청 뿌리죠. 비가 내리면 이런 독극물들이 강으로 흘러들어 가서, 수질오염이

심해지고, 토양도 심각하게 오염되죠. 이렇게 오염된 강은 결국 바다로 흘러들어가, 바다를 위험에 빠트리게 되죠.

생태계는 모두 공생관계에 있어요. 그러니 물고기 한 종이 멸종하면 그 균형을 잃게 되고 말아요. 실제로 이렇게 오염된 바다를 인위적으로 복구하기는 상당히 어려운 일이에요. 시간도 많이 걸리고요.

3

싹쓸이 어업

우리 인간은 지난 수십 년 동안 바다를 너무 함부로 다루며 괴롭혀 왔어요. 바다가 아픈 것은 외면한 채 물고기만을 마구잡이로 잡아들였어요. 이뿐만 아니라 자원을 캐낸답시고 바다 밑에 구멍을 뚫었고, 더러운 폐수도 막 버렸어요.

    가축을 기르는 데도 공장형 축산업이 있는 것처럼, 바다 어업에도 공장형 어업이 있어요. 이 공장형 어업을 하는 사람들 중 대다수는 거대한 고깃배를 가지고 바다에 나가, 닥치는 대로 바다 생물들을 그물로 잡아들이죠. 이것을 싹쓸

최신식 고깃배를 이용한 싹쓸이 어업은 근절되어야 한다

이 어업이라고 불러요. 이런 싹쓸이 어업이 세계의 해양 생태계에 엄청난 악영향을 끼치고 있어요. 그래서 이런 싹쓸이 어업을 막자는 목소리가 점점 힘을 받고 있어요. 하지만 이것을 단속하기란 여간 어려운 일이 아니에요. 여러 나라의 협력이 필요하니까요.

요즘에는 중국 어선들이 우리 동해안 해역에 들어와서

닥치는 대로 싹쓸이 어업을 하고 있어요. 이 탓에 강원도의 오징어 어획량이 감소해서 우리 어민들이 고통 받고 있죠. 이런 양심 없는 어업을 없애자는 규탄 대회가 여기저기서 열리고 있어요.

바다는 우리 인간이 식량 문제를 해결할 수 있는 중요한 자산이에요. 위험에 빠진 바다를 살리기 위해서 해양 생물학자들은 바다에 휴식년을 채택하자는 의견을 내놓았어요. '바다 보호 구역'을 번갈아 가며 지정해서 한동안 어획을 금지하자는 것이에요. 우리나라에서도 일부 지역에서 실시하고 있긴 하지만, 아직은 미미한 상태예요. 바다 휴식년제를 시행해 효과를 보고 있는 나라들도 꽤 있어요. 그러니 우리도 좀더 체계적인 접근 방법이 필요해요. 싹쓸이 어업은 어떠한 방식으로든 없애야 하니까요. 우리 인간은 바다를 소중히 생각하고 아껴야 해요. 뿐만 아니라 생활하수를 줄이는 생활습관을 들여서 바다가 건강을 찾도록 도와줘야 해요.

4 후쿠시마에서 쏘아 올린 방사능

2011년 3월 11일 오후 3시경, 일본 태평양 앞바다가 초토화되었다. 높이 10미터의 쓰나미가 일본 동해안을 휩쓸었다. 마을은 온통 쑥대밭이 되었고, 많은 사람이 생명을 잃었다. 엎친데 덮친 격으로 후쿠시마 제1원자력 발전소의 냉각시스템이 고장나, 방사선 물질인 무시무시한 세슘과 방사성 요오드가 유출되었다. 이렇게 유출된 방사선은 강한 바람을 타고 일본 수도권과 주변 국가로 날아갔다.

이 사고 직후 일본 마트에서는 생수조차 구할 수 없었어요. 이재민 8만 명은 20년 뒤에나 집으로 돌아갈 수 있다고 하니, 기가 막힐 노릇이죠.

일본 내 불안감은 극도로 높아져, 유학생들을 비롯한 외국인 거주자들은 물론, 일본 시민들도 '일본 대탈출'을 단행하며 대혼란이 빚어졌어요. 후쿠시마 원자력 사고는 등급이 최고 단계인 7등급으로 분류되었어요. 이것은 역사상 최악의 원전 사고인 러시아의 체르노빌 원전 사고와 맞먹는 것이었어요.

이 사고를 접한 전 세계 사람들은 경악을 금치 못했어요. 특히 일본과 가까운 우리 한국은 그야말로 비상사태였어요. 사람들이 이렇게 경악한 데는 이유가 있었죠. 방사능의 영향이 소름 끼치도록 무섭기 때문이에요.

눈에 보이지도 않고, 냄새도 나지 않는 무시무시한 방사능은 일단 피해를 입으면 몇 대에 걸쳐서 후유증이 나타날 정도로 끔찍한 재앙이에요.

원자력 발전소에서는 우라늄을 태워서 전기를 만들어

쓰나미와 원전 사고로 폐허가 된 후쿠시마, 주민들은 20년 뒤에나 고향으로 돌아갈 수 있다고 한다

요. 이 우라늄을 태우는 과정에서 무서운 방사능이 생기죠. 하지만 원자력 발전소에서 만든 전기는 질이 좋고 가격이 무척 싸요. 그래서 일반 가정이나 기업에 전기를 싸게 공급해 줄 수 있어요.

하지만 원자력이 내뿜는 방사능을 생각하면, 또 원자력 발전소를 세우는데 엄청난 자금이 든다는 것을 생각하면 원자력 전기가 꼭 싸다고만은 할 수 없어요. 게다가 원자력 발전소의 가장 큰 문제점은 따로 있어요. 바로 이곳에서 나오는 쓰레기예요. 이것을 핵폐기물이라고 하는데, 핵폐기물에는 방사능이 고농축 되어 있어 상상도 할 수 없을 만큼 위험하죠. 그래서 이 핵폐기물을 땅속 깊이 묻어야 해요. 이렇게 묻어서 10만 년 이상 보관해야 하죠. 단지 전기를 좀 싸게 쓰려고 후손에게 이런 위험한 물건을 물려 주는 것이 옳은 일일까요? 또 지구에 어떤 해가 될지도 모를 물질을 그토록 오랜 세월 보관하는 것이 맞을까요?

사람은 누구든지 어느 정도 자연 방사능에 노출되어 있어요. 그것 역시 몸에 좋지 않으니 조심해야 하죠. 그러니 인공 방사능은 늘 경계해야 해요. 병원에 가서 엑스레이나 CT를 찍으면 방사능에 노출되어요. 또 암환자들이 받는 항암치료도 방사능 치료를 말해요.

가벼운 엑스레이 정도는 괜찮을지 몰라도 CT를 찍거나 항암치료를 받을 때는 충분히 고민하고 어느 것이 내 몸에 해를 덜 끼치는지를 이것저것 따져봐야 해요. 한꺼번에 혹은 자주 방사능에 노출되면 여러 가지 심각한 신체적 장애를 겪어야 하니까요.

　방사능 물질이 인체에 많은 양이 들어갈 경우 불임, 전신마비, 심장병, 백내장, 탈모, 골수암, 폐암, 갑상선암, 유방암 등을 일으켜요. 더욱 위험한 건 방사능은 DNA를 공격하는 성향이 있어요. 그래서 생명을 탄생시키는 여자들을 더 공격하죠.

　적은 양의 방사능에 노출된 경우에도 증상이 없다가 수십 년이 지나서 나타나기도 해요. 방사능에 노출되어 죽은 사람의 시체는 화장해도 그 재 속에 방사능이 남아 있다고 해요. 또한 방사능에 오염된 공기나 물, 음식을 섭취하면 몸속에 방사능이 쌓이게 되어요. 이 독성은 배설이나 목욕 등으로도 없어지지 않아요.

　후쿠시마 방사능 유출 사고로 일본 국토의 3분의 2가 오염됐어요. 그 현장을 취재하러 간 취재원들의 건강상태를 조사해 보니, 일부 사람들에게서 벌써 염색체 변형이 나타났다고 해요. 그래서 그들은 정기적으로 검사를 꾸준히 받으며 앞날을 지켜봐야 해요.

　방사능 물질이 한 번 누출되면 30년에서 300년 동안이나 자연에 남아 환경에 나쁜 영향을 끼쳐요. 우선 땅이 오염되면 그곳에서 나는 농산물과 물이 다 오염되어 사람들의 생명을 위협하죠.

　또 방사능 물질이 바닷속으로 흘러들어 가면 바다 생물들에게는 재앙이나 다름없어요. 떼죽음 당할 가능성도 있고, 기형아 발생 확률도 무척 높아요. 또 먹이사슬을 통해서 방사능 물질이 체내에 쌓이게 되죠. 작은 물고기가 방사능에 오염된 미생물을 먹어서 몸속에 방사능 물질을 쌓게 되고, 이 물고기를 더 큰 물고기가 잡아먹어 몸속에 방사능 물질을 쌓다 보면, 결국에는 바다 생태계에 심각한 문제가 생기는 것이에요. 가장 염려되는 건 돌연변이에요. 돌연변이가 생기면 육지나 해양 생태계가 어떤 위험에 처할지 추측이 어려울 정도니까요.

　이번 후쿠시마 사고로 고농도 방사능 물질이 바다로 흘러들었어요. 일본 NHK 방송이 원전 사고 이후 바닷물의 오

일본에서는 귀없는 토끼가 태어났는데,
방사능 유출 여파라고 여기는 사람이 많다

염 정도를 방영했어요. 이 방송에 따르면, 후쿠시마 원전에서 330킬로미터 떨어진 바닷물을 측정했더니, 기준치보다 4,385배 높은 요오드가 검출됐어요. 세슘도 기준치의 527배였고요.

또 사고 지역 주변 농산물을 검사한 결과, 기준치를 최고 164배나 초과한 채소들도 있었어요. 방사능 유출 사고 직후 미국을 비롯한 여러 나라는 일본에서 나오는 농산물

그린피스 회원이 우크라이나에서 방사능 보호복을 입고 원자력에 반대하는 시위를 하고 있다

과 어패류를 수입하지 못하도록 하는 조처를 내렸어요.

앞으로 이 후쿠시마 원전 사고가 사람과 환경에 어떤 영향을 끼칠지 아직은 그 규모를 짐작하기는 어려워요. 거기다 이웃나라인 우리나라에서도 이 방사능 유출 여파로 상황이 어떻게 전개될지 아무도 예측하지 못하고 있어요.

후쿠시마 원전사고는 전 세계 사람들에게 원자력에 대

한 회의를 안겨 주었어요. 이제껏 많은 나라에서는 이산화탄소를 내뿜는 석유나 석탄 대신 원자력을 많이 이용해 왔어요. 그런데 이번 사고로 전 세계 각국에서는 원자력을 폐쇄하자는 여론이 일고 있어요. 방사능에 노출되었을 경우, 피해가 너무 크고 끔찍하기 때문이에요.

이번 후쿠시마 원자력 사고는 여러 나라의 원자력 발전 정책에도 중요한 영향을 주었어요. 일본을 비롯한 스위스, 이탈리아, 프랑스, 독일 등은 원자력 발전소를 점차 감축할 방침을 세웠어요. 그들은 안전을 최우선으로 한 일본에서조차도 이토록 심각한 사고가 일어났다면, 원자력 발전소는 이제 더 이상 안전하다고 말할 수 없다는 결론에 도달한 거예요.

우리나라는 전력의 30퍼센트 이상을 원자력에서 얻고 있어요. 전 세계적으로 원자력 의존도가 15퍼센트인 것에 비하면, 석유가 한 방울도 나오지 않는 우리나라는 원자력에 대한 의존도가 꽤 큰 편이죠. 갑자기 이런 비중을 줄이기란 쉬운 일이 아니에요. 하지만 이토록 위험한 원자력 발전소를 계속 유지할 수는 없어요. 또 어떤 무시무시한 재앙이 닥칠지 모르니까요.

지구의 화석연료(석유, 석탄)가 바닥을 드러내고 있고, 이를 대체하기 위해서 선진국에서는 태양, 물, 바람 등을 이용하는 재생 에너지 개발에 큰 투자를 하고 있어요. 좋은 성과도 내고 있죠. 하지만 우리나라는 재생 에너지 개발에 투자를 거의 하고 있질 않아요. 자꾸 원자력에 의지하려고 하죠.

"뜻이 있는 곳에 길이 있다"라고 했어요. 사람이나 환경에 위협을 가하지 않는 재생 에너지나 새로운 에너지를 개발하는 것이 우리 앞에 놓인 과제라 할 수 있어요. 한번 도전해 보자고요. 분명히 길이 있을 테니까요.

에필로그

석유를 마지막 한 방울까지 다 써버리는 날이 언제일까요? 아마도 머지않은 미래에 그날이 오겠죠. 그런 다음에 우리는 어떻게 해야 할까요? 지금으로서는 석유를 대체할 수 있는 건 그 재생에너지 뿐이에요.

과학자들은 햇빛을 이용해서 전기와 열을 생산해 대중화하는 일에 고심하고 있어요. 즉, 태양 에너지를 널리 보급하려는 거예요. 태양 에너지가 싼 가격에 대중화만 된다면, 한마디로 단점은 거의 없고 장점만 있는 에너지가 되는 거예요. 태양 에너지는 석유나 석탄처럼 온실가스를 내뿜어 공기를 오염시키지도 않을 뿐더러 어디서나 쉽게 얻을 수 있어요. 게다가 원자력 에너지처럼 방사능에 노출될 위험도 없어요. 더군다나 석유처럼 국가 간의 싸움이 일어날 일도 없잖아요. 태양은 어느 나라에나 있으니까요.

그런데 왜 이렇게 좋은 태양 에너지를 널리 사용하지 않는 것일까요? 문제는 비용 때문이에요. 태양전지와 장비를 설치하려면 햇빛이 잘 드는 어느 정도의 공간이 필요해요. 또 설치비도 꽤 비싼 편이고요. 그러니 이산화탄소를 배출하더라도 지금으로서는 가격이 싸고 사용이 편리한 석유에 의존하고 있는 것이죠. 그래서 과학자들의 고심이 깊어지고 있어요. 태양 에너지를 석유처럼 편리하고 싸게 공급할 방법을 찾느라고요. 그리고 미래에는 그럴 가능성도 무척 밝은 편이에요. 다른 재생에너지도 상황은 마찬가지죠.

하지만 아무리 좋은 에너지를 개발한다고 해도 한계는 있어요. 그 어떤 에너지도 인간의 욕심을 채워줄 수는 없거든요. 그러니 우리는 아끼고 줄이고 재활용하는 습관을 들여야만 해요. 특히 인구가 많은 중국과 인도가 서양의 생활 방식을 받아들이면서 지구의 에너지 소비는 눈에 띄게 늘어났어요. 이런 현상을 막지 못한다면, 미국을 비롯한 선진국에서 소비 습관을 줄이지 않는다면, 새로운 에너지 개발만으로는 우리 지구가 버텨낼 수가 없어요.

변화는 한 사람 한 사람으로부터 나오는 거예요. 물 한 방울 한 방울이 모여서 폭포를 이루고, 나무 한 그루 한 그루가 모여서 숲을 이루듯이 말이에요. 작은 변화가 차이를 만드는 법이죠. 그리고 그 작은 변화는 나로부터 나오는 거예요. 북극곰이 활기를 치고 사는 푸르른 지구는 바로 내가 만드는 것임을 잊지 말도록 해요.

참고 자료

『소비중독 바이러스 어플루엔자』 존 드 그라프, 데이비드 웬, 토머스 네일러 지음 / 박웅희 옮김.

『천천히가 좋아요』 쓰지 신이치 지음 / 이문수 옮김.

『왕가리 마타이』 윤해윤 지음.

『오프라 윈프리』 일린 쿠퍼 지음 / 권혁정 옮김.

『환경교과서』 클라우스 퇴퍼, 프리데리케 바우어 지음 / 박종대, 이수영 옮김.

『기후변화의 불편한 진실』 한종훈, 임영섭, 정욱형 지음.

『화가 풀리면 인생도 풀린다』 틱낫한 지음 / 최수민 옮김.

동물사랑실천협회가 공개한 '새끼돼지 살처분' 동영상.

『서울쥐와 시골쥐』이솝 연구회 지음.

《고기에 관한 불편한 진실》다큐멘터리.

《인간을 용서한 고래들》다큐멘터리.

《PD 수첩》'광우병'편.

워키백과사전.

초등 특강 시리즈

초등생을 위한
환경특강

첫판 1쇄 발행 2013년 03월 12일
첫판 5쇄 발행 2015년 08월 12일
지은이 윤해윤
디자인(본문, 표지) 빈집
발행인 권혁정 | 펴낸곳 나무처럼
주소 서울 양천구 중앙로29길 61, 101-905호
전화 02) 2602-7220 | 팩스 02) 2602-7230
E-mail nspub@naver.com
ISBN 978-89-92877-22-0 (73800)

＊책값은 뒤표지에 있습니다.

ⓒ 나무처럼 2013 Namu Books